Mihori Kinoshita's
Beautiful Nail
Revision

木下美穂里　著

Message from Mihori Kinoshita

『ビューティフルネイル』から『ビューティフルネイル プラス』、
そして『ビューティフルネイル リビジョン』へ

●進化

　前著『ビューティフルネイル プラス』が出版されて、その間に多くの学校でネイルのテキストとして、また多くのネイリストの教本としてご活用いただくことができました。

　2000年に初版「ビューティフルネイル」から出発し、2005年に「ビューティフルネイルプラス」へ、増刷の機会を得るごとに、その時代に合わせてマイナーチェンジを行ってまいりました。今回『ビューティフルネイル リビジョン』として、大幅な改訂版を出版させていただくこととなりました。

　ネイルの技術は、日本においても年々、確実に豊かに育っています。30年以上前にアメリカから輸入されたイクステンション主導型のネイルテクニックと、それ以前から日本のビューティービジネスのなかに根づいていたポリッシュ塗布主導型のヨーロピアンネイル。この2種類のネイルテクニックが混在した時代を経て、日本ならではのネイルケアテクニックの成長は日本の文化、嗜好、慣習、風習、マナーなどをクリアできる独自のネイルスタイルが誕生し、今や日本人のテクニックは世界一とまで言われる時代になりました。

　そのような時代背景を踏まえ、より現代のニーズに合ったテキストとするために、いつの時代においても普遍的である基礎テクニックに加えて、ここ数年で定着したテクニック、今後新たに活用されるべきテクニックまで、可能な限り幅広くご提案させていただきました。同時に、一つひとつの技術をより深く、より分かりやすくお伝えできるように、すべての写真を撮り下ろし、技術者の目線で追うように解説を行っております。

●ネイルのメニュー化

　ヘアサロンやエステティックサロンにおいて、様々な形でネイルメニューを導入することは、お客様にとって便利で好ましいことだと思います。トータルビューティーという観点から考えても、ヘア、メイクアップそしてネイルをコーディネートできることは、よりパーフェクトなサービスへと発展し、さらにはヘアカラー、ネイルカラーとのカラーコーディネートへと結びつきます。

　女性は、指先への小さな心配りひとつで気持ちや行動を一変させることができます。ネイルはメンタルな部分にも非常に重要な作用をするものと言えるでしょう。

　一度プロフェッショナルの手に委ねた経験のある方ならば、手入れの行き届いていない指先に苦痛を感じるはずです。しかし、ネイルもメイクアップも女性ならば、誰でもある程度は自分でこなすことができます。だからこそ、私たちネイリストは、お客様を魅了するセンスとアイデア、そして完成度の高い技術力やアレンジ力を身につける必要があるのです。

●変身

　ネイルの形態的コンプレックスは、イクステンション（付け爪）技術の進化によって、個々のお客様にふさわしい方法で解消することができるようになりました。また、イクステンション技術でなければ表現できないアートの存在もあり、イクステンションはアメリカにおいても日本においても、ネイルの発展に大きな役割を担ってきました。更に、ジェルネイルが見直されたことによって、サロンメニューにも変化が現れました。

　様々な商品とテクニックの進化が、各々のサロンに適した形のネイルを編み出していく中、より確かな技術を身につけていただくために、ネイリストとネイリストを志す皆様へ、心を込めて、『ビューティフルネイル リビジョン』をお届けいたします。

木下美穂里

CONTENTS

5 **Lesson.1**
Basic of NAIL
ネイル概論

- 6 ネイルの基本理論と定義
- 7 ネイルの技術システム
- 8 サロンの施術スタイル
- 9 プロフェッショナル意識
- 10 ネイルのための皮膚科学
- 11 ネイルのための生理解剖学
- 12 爪の構造・名称と役割
- 13 爪の病気、トラブル
- 14 ネイルのための衛生

17 **Lesson.2**
NAIL Care
ネイルケアの基本理論と技術

- 18 ネイルケアで使用する用具用材
- 19 ネイルケアの香粧品学
- 20 用具の準備の仕方
- 21 ネイルケアの手順
- 22 カットスタイル
- 23 クリーンナップ
- 26 ネイリストのハンドマッサージ
- 28 ポリッシュ塗布法
- 30 ポリッシュアート
- 32 メンズバフィング

33 **Lesson.3**
NAIL Repair
修理・修復・補強の技術

- 34 リペアで使用する用具用材
- 35 リペアの化学
- 36 グルーオン＆パウダーフィラー
- 37 ラップ＆パウダーフィラー（シルク）
- 39 シルクイクステンション
- 40 ラップ＆レジン（ファイバー）

41 **Lesson.4**
Gel NAIL
for Basic
ジェルネイルの基本技術

- 42 ジェルネイル初級編で使用する用具用材
- 43 ジェルネイル初級編の化学
- 44 ジェルネイル初級編の概要
- 45 ジェルネイル初級編のテクニック／フローター（オーバーレイ）のテクニック
- 46 カラージェルネイルのテクニック
- 47 ジェルネイル・ピーコックのテクニック
- 48 ジェルネイル・マーブルのテクニック

49 **Lesson.5**
Extension
付け爪の基本理論と技術

- 50 イクステンションで使用する用具用材
- 51 イクステンションの化学
- 52 イクステンションのための準備
- 53 チップラップのテクニック
- 57 フレンチ・チップラップのテクニック
- 58 ミクスチュアのテクニックポイント
- 59 チップオーバーレイのテクニック
- 62 スカルプチュアネイルのテクニックポイント
- 63 スカルプチュアネイルのテクニック
- 67 フレンチ・スカルプチュアネイルのテクニック
- 68 スカルプチュアネイルのメンテナンス
- 69 スカルプチュアネイルのオフ
- 70 スカルプチュアネイルの補い爪

71 **Lesson.6**
Gel NAIL
for Advanced
ジェルネイルの応用技術

- 72 ジェルネイル上級編で使用する用具用材
- 73 ジェルネイル上級編の化学
- 74 ジェルネイル上級編の概要
- 75 ジェルネイル上級編のテクニック／ジェルネイル・チップオーバーレイのテクニック
- 76 ジェルネイル・スカルプチュアのテクニック
- 77 ジェルネイル・フレンチのテクニック
- 78 ジェルネイル・フラワーアートのテクニック

79 **Lesson.7**
NAIL Art
ネイルアートの基本理論と技術

- 80 スキンカラーとのコンビネーション
- 81 ネイルカラーとデザイン特性
- 82 ブラシワークの用具用材
- 82 ブラシワークの基本理論とテクニック
- 84 ブラシワークの基本ストロークと作例
- 86 エアブラシの用具用材
- 86 エアブラシの基本理論とテクニック
- 88 マスキング・ネガのテクニック
- 89 マスキング・ポジのテクニック
- 90 エアブラシ・アレンジ（ネガ＋ポジ）のテクニック
- 91 イクステンションアートと3Dアートの用具用材
- 91 3Dアートの基本理論とテクニック

96 **Lesson.8**
Art Variation
アートの展開

- 97 タイプ別ネイルアート

- 106 ネイル用語解説
- 112 よくある質問と回答

- 114 奥付

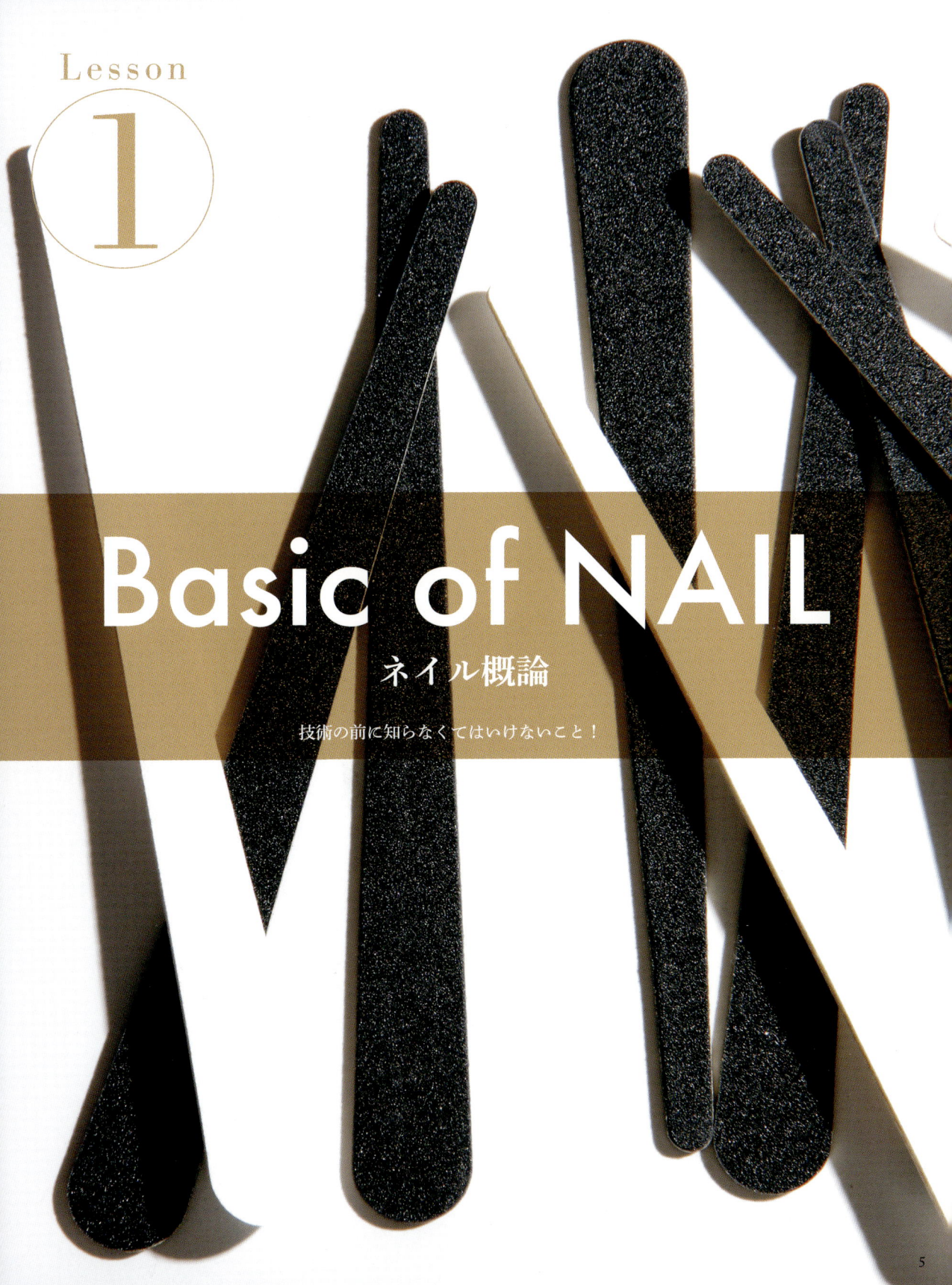

Lesson 1

Basic of NAIL
ネイル概論
技術の前に知らなくてはいけないこと！

What's NAIL ?
ネイルの基本理論と定義

マニキュア

女性の爪が美しいカラーポリッシュで彩られるようになったのは、わずか80年ほど前のことです。1920年代初頭、自動車の量産化を実現するためにアメリカで開発された"速乾性のラッカー"が1932年にネイルポリッシュとして登場しました。20世紀の女性たちの思いがネイルの歴史をつくり変えていったのです。

私たちはよくネイル用のカラーポリッシュを"マニキュア"といいますが、本来のマニキュアとは"施術"のことを指します。マニキュアという言葉は、ラテン語のmanus（手）とcure（手入れ）を語源としています。同様に、今現在"ネイル"といっているのも、本来は爪そのもののことを指す単語を、施術全般の言葉として使っているのです。

"ネイリスト"という言葉も和製英語です。欧米では"マニキュアリスト"、"ペディキュアリスト"などといいますが、日本では"ネイリスト""ネイルアーティスト"ともいわれています。

日本では、ネイル施術者は手（マニキュア）と足（ペディキュア）の両方をこなすことが多く、そういった意味でも、このネイリストという言葉が必要とされました。

リペアとイクステンション

割れたり折れた爪を修復する技術（リペア）と、付け爪（イクステンション）が考案されます。今までのネイルの施術では10指の爪のうち、1本でも欠けたり折れたりした場合は短い爪にバランスを合わせるしかありませんでした。

ところが、このイクステンションの登場により、折れた爪は元通りになり、自分の爪を長く伸ばせなかった人たちが伸ばせるようになり、昨日まで短かった人が用途に応じて自由に変化を楽しめるようになったのです。

70年代には付け爪がさらに進化します。ここでの進化は原材料である歯科材料の進化とともに歩んでいくことになります。

日本には、LAブームと共に、ロスのひとつのカルチャーとしてネイルが上陸しました。フランスやアメリカのイクステンションの材料がサロンに紹介されはじめた時期です。今から見ると歯科の材料そのままで、黄色味を帯びた歯のように硬いものでした。ネイルの施術を行うサロンが数店舗あったものの、まだまだ一部の芸能人や著名人の間でもてはやされる特殊な技術であったことはいなめません。

1985年に、そういったムーブメントの中で、日本ネイリスト協会が設立されました。創立のメンバーに参加した私は教育委員として、日本に存在していなかった日本人のためのテキストをメンバーとともにつくることになりました。

私自身が正式にネイルを始めたのも、メイクアップアーティストとして活動する中で特殊メイクの素材であるイクステンション材料と出会ったことがきっかけです。

イクステンションの素材は、多くの化粧品がそうであったようにハリウッドという特殊な映像の世界と、美を追求しつづける人たちによって生み出されたのです。

ケア

美容やファッションの世界では、シンプルでストイックなものが主流となっていきました。洋服のシルエットは筒型に近くなり、ボディコンシャスな時代とはまるで反対の方向へ向かったのです。アクセサリーはゴールドからシルバーへ、カラーは非常にニュートラルな色がポピュラーとなり、爪の長さもトップモデルでさえとても短いものへと変わっていきます。

そんなストイックなビューティー全盛の中、有名化粧品メーカーから"血まめ色"の衝撃ともいえるカラーが発売されます。セレブを使ってのプロモーション映像は私たちを魅了するのに十分な力を持っていました。彼女たちの爪は短く、カラーはとてもディープな色です。爪の長さと色だけを真似しようとしても、ひとつもクールに仕上がりません。

なぜならば長さのないネイルであっても、最低限きちんとクリーンナップされたネイルでなければ本当に"血まめ"にしか見えないからです。そのことに皆が気づきました。くしくも日本の百貨店の中にカウンタースタイルのネイルサロンがいくつかでき、ケアを気軽に受けられる環境が整いはじめた頃です。

ケアされた短めの爪に、はっきりとした強い色のマニキュア。これが第3次ネイルブームの幕開けです。これ以降は、ファッション誌でネイルの情報を見つけられない号がないほど女性たちにとって必要不可欠なものとなっていきます。つまりケアの重要性が、ネイルを定着させたといっても過言ではないのです。

Lesson.1 *Basic of NAIL*

What's NAIL System ?
ネイルの技術システム

ネイルの技術システムを技術体系で見ると非常に分かりやすくなります。
技術の修得も、その体系図の順番に行うと、とても身に付けやすくなるはずです。

●技術の関わりあい

　ネイルは大きく分けると、ハンドとフットに分かれます。本書ではこの中のハンドについて、細かく技術解説していきます。ネイル技術は4つの技術から成り立っています。ケア、リペア、イクステンション、アートの4つです。おのおのの技術を基本から学ぶことにより、そのシステムの組合せがとても大切なかかわりを持っていることが、分かってくると思います。

　フットは、ハンドのネイル施術に加え足の爪のお手入れをするだけではなく、かかとや足裏の角質の除去を行います。マッサージもフットケアの重要なポイントになっています。

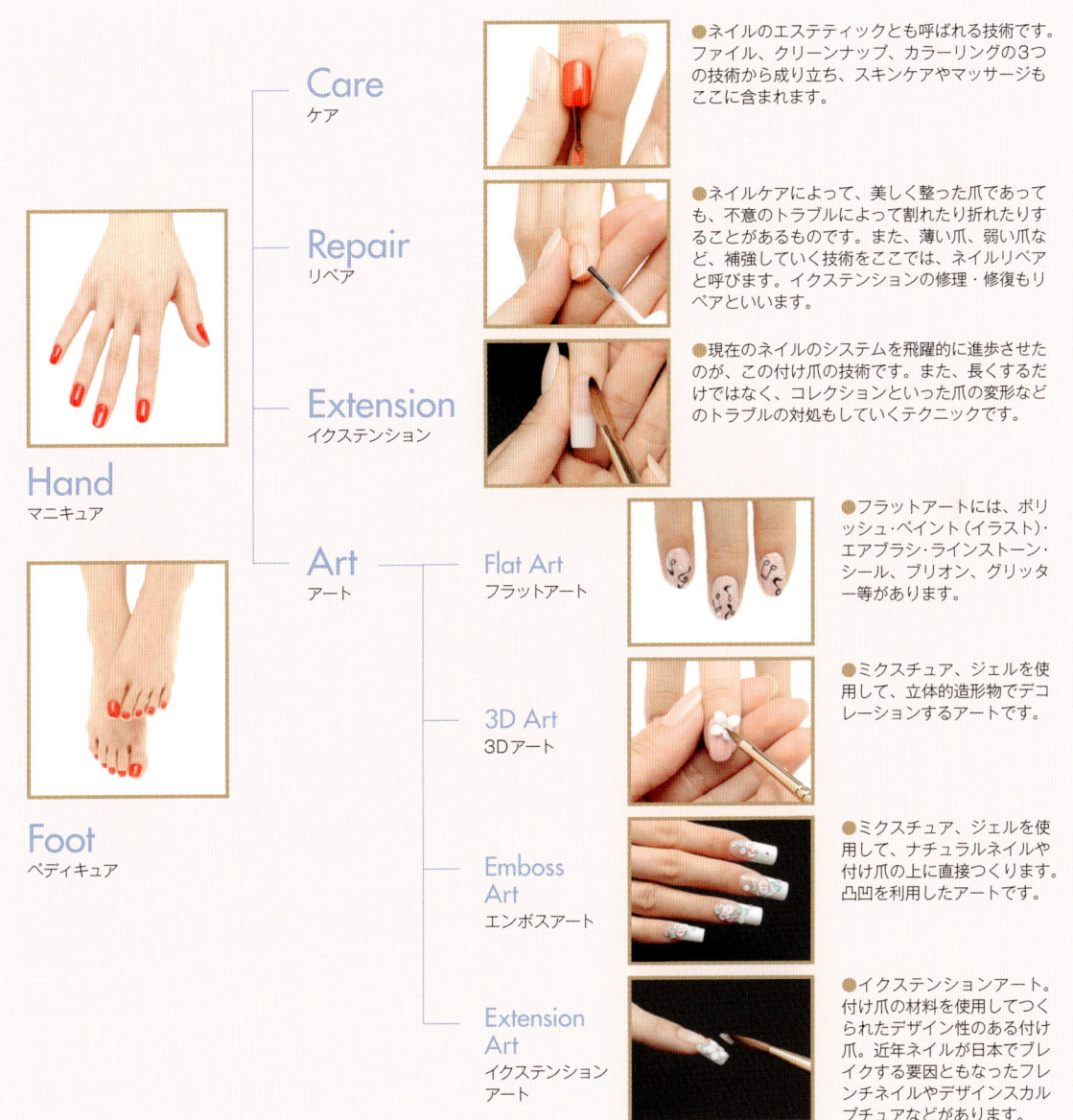

Hand マニキュア

Foot ペディキュア

Care ケア
●ネイルのエステティックとも呼ばれる技術です。ファイル、クリーンナップ、カラーリングの3つの技術から成り立ち、スキンケアやマッサージもここに含まれます。

Repair リペア
●ネイルケアによって、美しく整った爪であっても、不意のトラブルによって割れたり折れたりすることがあるものです。また、薄い爪、弱い爪など、補強していく技術をここでは、ネイルリペアと呼びます。イクステンションの修理・修復もリペアといいます。

Extension イクステンション
●現在のネイルのシステムを飛躍的に進歩させたのが、この付け爪の技術です。また、長くするだけではなく、コレクションといった爪の変形などのトラブルの対処もしていくテクニックです。

Art アート

Flat Art フラットアート
●フラットアートには、ポリッシュ・ペイント（イラスト）・エアブラシ・ラインストーン・シール、ブリオン、グリッター等があります。

3D Art 3Dアート
●ミクスチュア、ジェルを使用して、立体的造形物でデコレーションするアートです。

Emboss Art エンボスアート
●ミクスチュア、ジェルを使用して、ナチュラルネイルや付け爪の上に直接つくります。凸凹を利用したアートです。

Extension Art イクステンションアート
●イクステンションアート。付け爪の材料を使用してつくられたデザイン性のある付け爪。近年ネイルが日本でブレイクする要因ともなったフレンチネイルやデザインスカルプチュアなどがあります。

Salon
サロンの施術スタイル

お客様が疲れず、心地よく座っていただけて、なおかつ施術が効率よく行えるサロンのスタイルとは、どのような状態でしょうか？　代表的な2つの施術スタイルを見てみましょう。

側面スタイル

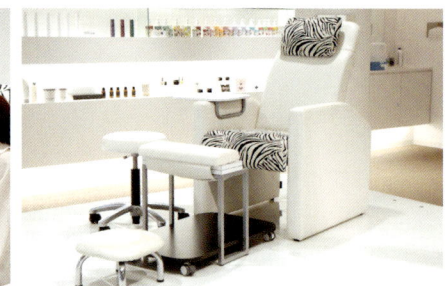

●側面スタイルの1例。ソファーの両サイドにテーブルを置いて作業をしやすく工夫してあります。お客様の手元にはアームクッション等があると、お客様が安心して手を預けやすくなります。キャスター付きのワゴンに、施術道具をセットして使用するとよいでしょう。施術者の椅子もキャスター付きを利用すると効率よく動けます。お客様にリラックスしていただきやすく、フットとハンドの施術を同時に受けることができるのもこのスタイルならではです。側面スタイルならば、ヘアサロンやエステティックサロンでも、それぞれのサロンの椅子を利用することで、ネイルの専用スペースをつくらなくても気軽にメニューを導入することが可能です。

対面スタイル

●対面スタイルの1例。専用ネイルデスクを挟み、技術者の椅子はキャスター付きでアップダウンの調節ができるものが理想的です。アームクッションはテーブルにセットしておくとよいでしょう。お客様の椅子はゆったりと心地のよいものを使用し、背もたれの調整用にクッションを用意しておくとよいでしょう。施術する手元に施術道具を置き、お客様の手を正面からとらえることができますので、イクステンションなどの施術が行いやすいスタイルです。ネイル専用スペースを必要としますが、サロンのメニュー導入上の演出としては有効です。

EX. フットの施術スタイル

●ネイルの施術の中で、お客様の単価も高く、施術時間も必要とするフットの施術です。そのため、お客様の座る椅子の心地よさはとても重要です。側面式のスタイルにフットバスと専用カート、施術者用椅子のセットが基本です。（側面スタイルの写真参照）

施術スペースにフット専用給排水ボールを常設する事によって、施術の効率を上げる事ができますが、設備面での初期投資が必要となります。フットの施術をメインとした施術スタイルでありながら、サイドテーブルや技術者椅子の調整によってはハンドとフットの同時施術も可能です。衛生面や効率を考えると、フットの施術専用の溶剤用具や、フット専用のジェルランプ等、フット施術用の用具を入れておくワゴン等も必要です。

ジャグジースタイルやスパスタイル等、お店の規模・イメージ・予算等に合わせて準備しましょう。

Lesson.1 Basic of NAIL

Professionalism
プロフェッショナル意識

プロフェッショナルとは何をさすのでしょう。私たちがお客様から本当に「プロフェッショナル」といっていただけるためには、何をどのように考えればよいのでしょうか。

その1　技術は進化・変化するもの

ネイルの技術は常に変化します。ベーシックな考え方や基本テクニックは何ひとつ変わりませんが、技術は常によりよいものへと進化していきます。

なぜならば、私たちが使う材料は化学の知識を必要とし、その材料の進化とともにそれを扱う技術のノウハウも変化していくからです。どんな技術でも、常に終わりのない勉強と技術トレーニングに向き合うことになります。そのような地道な努力を積み重ねていくことで、最新のテクニックとハイレベルな技術の提供が可能となるのです。

お客様は何を求めていらっしゃるのか。それは美しさや心地のよさかもしれません。この欲求を満たすためには技術はもちろん、その他にもいくつかの条件が必要になります。お客様をケアする気持ちと心地よくお帰りいただく配慮、たとえばポリッシュを塗布した直後にお金をお支払いいただくのは至難の技です。せっかく塗布したポリッシュが傷つきかねません。

ポリッシュを塗布する前にお支払いを済ませていただく——そんな手順はお客様の立場に立ってこその考え方です。あらゆる面において、見る角度を変えて、お客様の目線で考えてみることが大切なのです。その接客力があってこそ、技術が生きてくるのです。

その2　100倍の裏付け

様々な商品の知識も必要です。お客様が望んでいる答えを出すためには、その答えの裏づけが100倍も200倍も必要となります。そこで初めてお客様の信頼を得ることができるのです。

気持ちのよい衛生的なサロンづくりも大切です。使用中の道具の扱い、その後の処理など、すべてに対して衛生的で美しく整理をしておく必要があります。

ポリッシュは使用後、必ずポリッシュリムーバーでボトルネックを拭いておきましょう。デスクやワゴンの上は、お客様ごとにきちんとダストを処理して美しく整えておいてください。ごく当たり前のことなのですが、残念ながら現実にはおろそかになりがちです。

しかし、お客様ごとに使用後の処理をきちんとすることによって、用具用材は長く使用することができ、お客様に常にベストな状態でサービスを提供することができます。また、サロンのコストを下げることも可能です。お客様にとっては、より良いサービスを提供することが可能になります。

そして最後は時間を守るということ。仕上げの時間も予約の時間も、これを破ると二度と信頼は戻らないといっても過言ではありません。プロになるということは、お金を頂戴するということですから、すべてがそれに見合うものでなければならないのです。

Skin
ネイルのための皮膚科学

ネイルの施術を行う上で皮膚を理解することはとても重要です。
爪は皮膚の表皮が変化したものだからです。また、爪の三方は、その皮膚で覆われています。

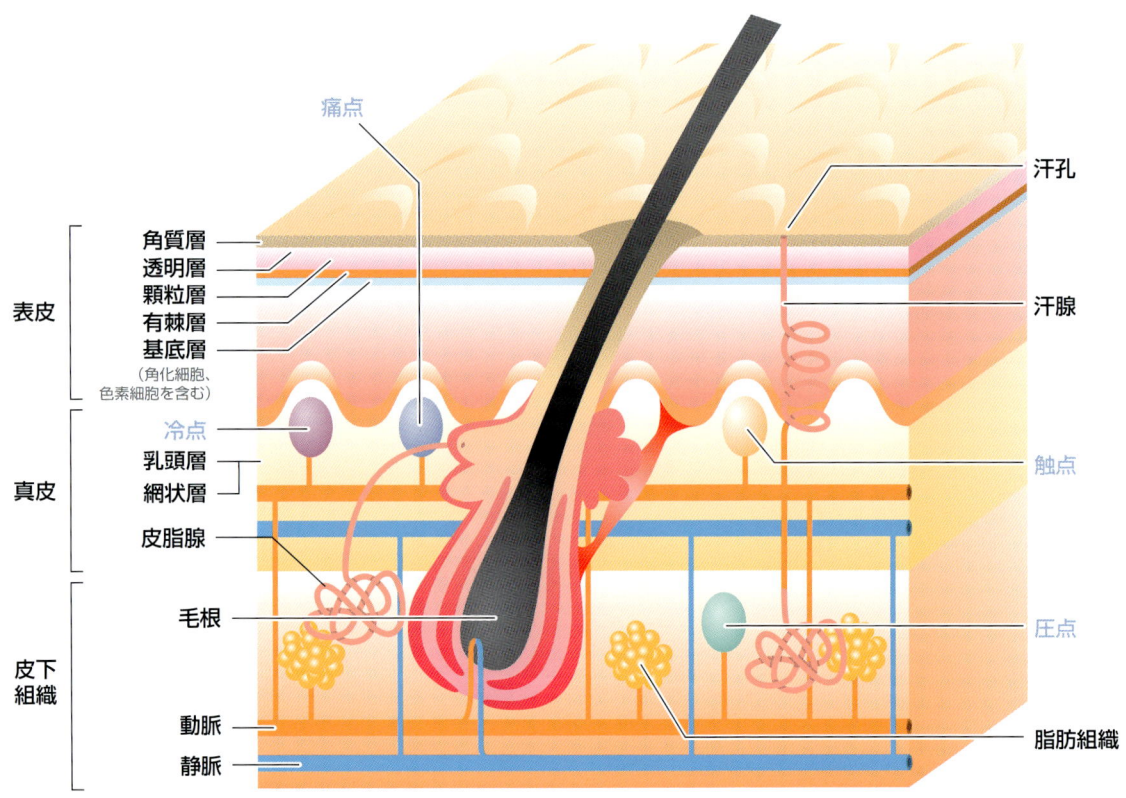

皮膚の役割

　皮膚はなぜ存在するのでしょう。皮膚の総面積は、成人で約1.6㎡、厚さは平均2.0～2.2㎜、重さは体重の約16％を占めます。皮膚には大切な役割があります。まず、保護作用。皮膚は体のすべてを覆っています。しかし、その場所によって厚みが変わります。体の中では、顔の皮膚が薄く、特に目の周りの皮膚がもっとも薄いといわれています。逆に、私たちにかかわりのある、手の平と足の裏がもっとも厚い部分となります。体中を皮膚が覆うことによって、怪我やバクテリアから身を守っているのです。また血液や体液を外部に漏らさないように防御し、外部からの刺激に反応することによって、体がもっとも快適な状態を保つようにコントロールしています。皮膚の働きは、体温調整、皮脂の分泌作用、汗腺からの排出作用、毛穴での吸収作用と呼吸作用などがあります。

　皮膚は表皮、真皮とあり、その下に皮下組織があります。そのほかに、皮脂腺・汗腺・毛など、皮膚の付属器官と呼ばれるものがあり、爪もこれにあたります。皮膚には、血液とリンパ液によって栄養が運ばれます。爪がつくられるネイルマトリクスも同様です。ですから、この流れが滞ると爪にダメージが現れてきます。

　表皮は、皮膚の一番外側にある保護外皮です。角質層、透明層、顆粒層、有棘層、基底層の5層から成り立っています。透明層は、手の平、足裏などの厚い表皮のみに存在しています。

　皮膚も爪も、施術できる状態なのか、そうでない状態なのかを観察します。その際のポイントは、皮膚病の疑いはないか、炎症や腫れがないか、出血していないか――などです。もしそのような状態の場合は、お客様に皮膚科や形成外科などの病院へ行かれることをお勧めするのが望ましいでしょう。

Lesson.1 *Basic of NAIL*

Physical Anatomy
ネイルのための生理解剖学

爪はどうして成長するのか？ どうしたら美しい爪をつくっていくことができるのか？
ネイルのケア・システムにマッサージは必要なのか？ 何をどうすればお客様は心地よいのか？ ……などの
すべての疑問を解くカギは、生理解剖学です。本書をきっかけに、さらに深く学ばれることをお勧めいたします。

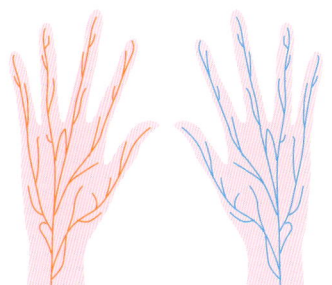

★ 循環

　血液の流れとリンパの流れがあります。血液は心臓から送り出され、体内を循環します。血液は栄養分を含む液体で、赤血球、白血球、血小板、血漿で構成されています。血液は細胞に水、酸素、栄養素、分泌液を運びます。その役割は、体温を一定に保ち、傷口の止血効果等があげられます。リンパ液は、栄養素や老廃物の運搬、細菌等に対する免疫抗体をつくります。
　ネイルの施術では、心臓に血液を戻す静脈やリンパ液の流れを促進し、新陳代謝を促すことが大切です。それらによって、健康で丈夫な美しい爪をつくる手助けとなります。

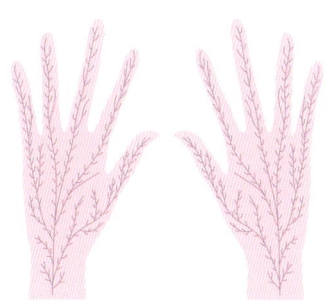

★ 神経

　神経は大別すると、中枢神経と末梢神経の2つに分けられます。そのうち、末梢神経には五感覚［眼（視覚）、鼻（嗅覚）、耳（聴覚）、舌（味覚）、皮膚（皮膚感覚）］があり、そこで受け取った感覚を脳に伝える"知覚神経"、手指等を動かす脳からの指令を伝える"運動神経"があります。指先には皮膚感覚の触、圧、温、冷、痛が集中して存在するため、鋭い感覚を持っています。それだけに、手、指、足の扱いは繊細に行う必要があるのです。

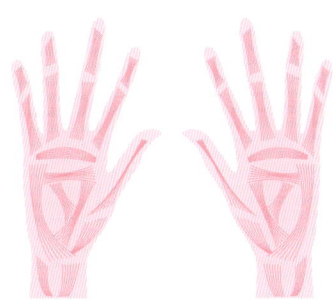

★ 筋肉

　手の筋肉には関節から関節へと重なり合う、たくさんの小さな筋肉があります。ハンドマッサージを行うことにより、普段使われない筋肉をストレッチさせ、しなやかで美しい指づくりへと結びつけていきます。
　指の筋肉には、外転筋、内転筋、屈筋と伸筋があります。

- 外転筋…指を開くための筋肉、指の付け根部分にある。
- 内転筋…指を閉じるための筋肉、指の付け根部分にある。
- 屈筋と伸筋…手と指を屈伸させる拮抗した筋。

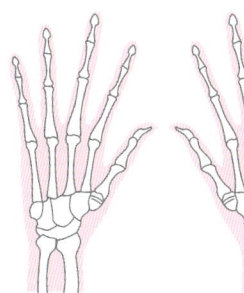

★ 骨

　腕には、小指側の細い骨の尺骨と、親指側の太い骨の橈骨があります。手は指骨、中手骨、手根骨で構成されます。指骨は親指に2本、他の4指には各3本ずつで計14本。中手骨は、手の平にあたる部分で細くて長い5本の骨です。
　手根骨は8つの小さな骨でできている関節です。不揃いのその骨は、靭帯（じんたい）で曲がりやすく固定されています。
　爪の形は、指先の骨の形に左右されます。骨とネイルの施術も密接に関係しているのです。

Construction
爪の構造・名称と役割

● 1カ月で3～5mm

　人間は口から栄養を摂取し、胃腸から吸収された栄養分がネイルマトリクスやネイルベッドに到着して爪がつくられます。爪は、髪の毛と同様に一生伸び続けますが、成人の爪の平均的な成長速度は1日約0.1mmです。年齢とともにそのスピードは遅くなり、爪は厚くなります。厚みは0.3～0.8mmくらいです。つまりネイル自体が根元から完全に生え変わるには、約6カ月かかるわけです。ネイルマトリクスは成長をつかさどる部分ですので、ネイルマトリクスに内的にも外的にも影響が及ぶと、爪の形態や質的にも変化が起こります。

　爪甲は指の背側で指先を保護すると同時に、指先の細やかな感覚を感じるために、背側を圧迫するように存在しています。ですから、もし爪がなければ、指先を使う細やかな仕事や物を感じることが難しくなります。ネイルの施術がそれだけに大切になってくるわけです。

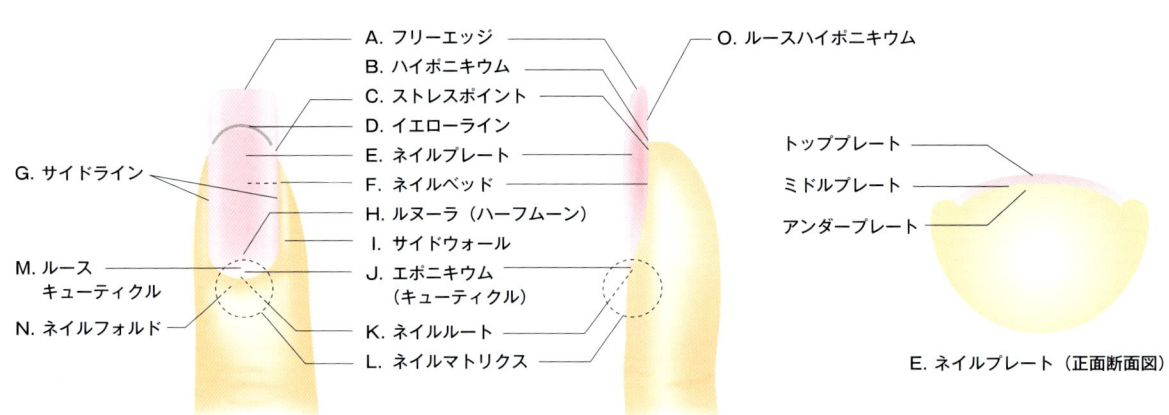

▼名称		▼役割
A	フリーエッジ（爪先）	ネイルプレートがネイルベッドから離れている部分。水分、含有量が減少するため不透明に見える。
B	ハイポニキウム（爪下皮）	裏爪と呼ばれる部分。ネイルプレートとネイルベッドの間に異物が侵入するのを防ぐイエローラインに付着し、保護している。
C	ストレスポイント（負荷点）	ネイルプレートがネイルベッドから離れはじめる両サイド部分。ヒビが最も入りやすい部分。イエローラインがサイドラインに接する点。
D	イエローライン（黄線）	ネイルプレートがネイルベッドから離れる境目にできるライン状の部分。
E	ネイルプレート（爪甲）	爪と呼ばれる部分。背爪（トッププレート）、中爪（ミドルプレート）、腹爪（アンダープレート）の3層からなる。表皮の角質層が雲母状に重なり合っている。厚みは約0.3～0.8mm位。
F	ネイルベッド（爪床）	ネイルプレートが乗っている土台の部分。ネイルプレートと密着し、水分を補給している。下部に毛細血管があるためピンク色に見える。
G	サイドライン（側爪甲縁）	爪甲の左右の際。
H	ルヌーラ（ハーフムーン）（爪半月）	ネイルマトリクスの一部がネイルプレートから透けて見える部分。新生した爪甲のため、水分含有量が多く白くみえる。
I	サイドウォール（側爪郭）	爪の形を保っている、爪の左右のフレーム部分。爪甲の左右に接し、皮膚のヒダに覆われている。
J	エポニキウム（キューティクル）（甘皮・爪上皮）	通称甘皮といわれている部分。できたばかりの軟らかいネイルプレートを保護している。後爪郭を保護し、細菌やその他の異物の侵入を防ぐ。
K	ネイルルート（爪根）	ネイルプレートが皮膚の下に隠れた、ネイルができる根元の部分。ネイルベースともいう。
L	ネイルマトリクス（爪母）	ネイルを育成する部分。血管、神経が通っている。
M	ルースキューティクル（爪上皮角質）	爪上皮から発生し、爪甲の表面に付着している角質。
N	ネイルフォルド（後爪郭）	爪甲を根元で固定している皮膚部分。
O	ルースハイポニキウム（爪下皮角質）	爪下皮から発生し、フリーエッジの裏側に付着した角質の部分。

Lesson.1 *Basic of NAIL*

Trouble
爪の病気、トラブル

● 先天性・後天性

　ネイルにもさまざまな病気やトラブルが起こります。ネイリストが施術を行ってよいものと、病院へ行くことを勧めるべきものを見極めることが大切です。

　ネイルのトラブルは大きく、爪の色の変化、爪の形の変化、爪の周りの皮膚の変化——に分けて考えられます。それぞれに生まれながらの先天性のものなのか、後天性のものなのか、外的要因でなったのか、内的要因なのかを見極める判断力が必要です。

　ただし、私たちはドクターではありません。診断を下すことはできません。あわせて、ネイリストとしての仕事の範囲も見極める必要があります。

爪の色の変化

白	青白	茶（赤）	黒（黒褐色）	緑	黄（黄白色）	青紫
肝硬変・慢性腎不全・糖尿病 等	貧血症 等	発熱性肉芽腫・爪下出血 等	金属性色素沈着・薬剤の影響・爪下出血 等	緑膿菌感染 等	爪白癬・爪甲剥離症・ニコチン付着・リンパ系異常 等	先天性心疾患・肺疾患 等

爪の形の変化

縦筋
● 爪表面のしわのようなもの。年齢と共に現れ、乾燥によっても左右される。

横筋
● ネイルマトリクスのダメージによって、線または溝のようなものができる。

スポット
● 白い点状のもの。爪の成長と共になくなる。爪表面にくぼみができることもある。怪我や角化異常によってできるくぼみ。

そり爪・鷲爪
● 遺伝的なものが多いが原因は不明。爪の先端の伸びる方向が、上へ反ったり下方へ反ったりするもの。

爪周りの皮膚の変化

ささくれ
● 爪の周りの皮膚が裂けた状態のこと。乾燥すると起こりやすい。技術が未熟なケアによっても引き起こされるので注意。

爪周囲炎
● 爪の周りの皮膚が赤く腫れ、組織が軟らかくなる。細菌によって感染する。

爪白癬
● 感染した部分は肥厚（ひこう）し、黄白色に変色する。またネイルプレートはもろくなり剥離しやすくなる。

咬爪症
● 爪を噛む習慣が原因。ネイルプレートの先端がかぎ裂きになり、乾燥しやすく、2枚爪などのトラブルへと悪化していく。

2枚爪
● 爪は3層からなっているため、爪切りを使用したり、乾燥などのため、表面の層が爪先から剥がれてしまった状態。

爪甲剥離症
● ネイルプレートがネイルベッドから離れた状態。内臓疾患や感染、外的な刺激などによって起こる。

爪縦裂症
● 爪に何本もの筋が入り、割れてしまったもの。指の損傷やポリッシュリムーバーやキューティクルリムーバーの使いすぎで、ひどく乾燥して起こることもある。

翼状爪膜
● キューティクルが過度に発達したもの。

爪郭炎
● 爪の根元の炎症。カンジダ菌が原因。

Sanitation
ネイルのための衛生

衛　生（サニテーション）

安全で安心なネイルサービスを提供するためには、衛生面での衛生管理を徹底することは、非常に重要なことです。私たちが行っていくネイルサービスは、お客様の手指に直接触れる施術です。施設・設備・器具・人に対しての衛生に関する配慮を徹底していきましょう。

行き届いた清掃、照明・換気状況、用具用材のメンテナンス、そして技術者自身の清潔さ・適切な手指の消毒、お客様に対しての配慮など衛生管理の対象は広範囲に渡ります。ネイルのための衛生を考えるときに、施術道具の消毒ばかりに注目されがちですが、それだけでは衛生管理は十分ではありません。

衛生管理をする上で、自分たちの店舗に必要な項目を整理・理解するために、衛生面の配慮を3つに分けて考えていきます。

▶1. 施設・設備の衛生

1つ目は、私たちの働く環境を衛生的に配慮することを考えます。衛生的に配慮するということは、それぞれの施設・設備を全て消毒等するということではなく、その前に常に清潔を保持し、衛生上支障のないようにすることです。

施設・設備面で衛生的な配慮をする基本は、毎日サロン内及び椅子・テーブルの清掃、整理整頓をし、室内の照度・換気・温度・湿度を適切に保つことが必要です。そのためには、空調・照明等、設備等の点検も日々行いましょう。

私たちの働く環境であり、お客様をお迎えするサロンとして衛生面に配慮ができているかどうかが重要です。スタッフの健康管理も踏まえて、作業環境として適正な照明の明るさ、換気、手洗い設備と消毒設備の完備、などを整えます。

日々の管理のためにも何をチェックしていくべきか、施設に合わせた必要項目を検討しましょう（表1参照）。衛生的であることとは、お客様をお迎えするための基本的なマナーでもあります。

換　気	室内全体の換気も含めて、自然換気ないしは機械換気を行います。ネイルサービスで使用する、溶液等には揮発溶剤を含むものも多く、定期的に換気を行う必要があります。
照　明	ネイルという精密な作業を行う上で、必要な手元の照度を確保します。読書をするときに必要とされる300〜700ルクス程度の明るさが望ましい。
手洗い設備	スタッフ専用の手洗い設備の完備と手洗いに必要な石鹸、消毒液を備え、常に使用できる状態を整えておきましょう。
器具類洗い場・消毒設備	器具類を洗浄するための流水装置と消毒設備も完備しましょう。
廃棄物の処理	ネイルサービスに伴って出る廃棄物は、ポリッシュリムーバー等、揮発性の溶剤を含むものが多くあります。廃棄するためのごみ箱は、ふた付きの専用ごみ箱を準備しましょう。

（表1）

▶2. お客様・スタッフ等、対人に対して

2つ目は、人に対する衛生的な配慮です。手指消毒はもちろんですが、イクステンションやジェルネイル装着時、施術部位への消毒も欠かせません。また、トラブルネイルの状況把握、対応法等を学び、正しく接客にあたることが重要です。

スタッフが、衛生的であることは、各自が健康であることでもあります。日々の健康管理もプロとしての職務の1つと考えましょう。更に、健康とは身体面と共にメンタル面も健康であることをさします。

●技術者の衛生

常に清潔な外衣（エプロン等）を着用し、手指の洗浄・消毒を適切に行うこと。手指消毒は基本であり、病原微生物を予防するために、最も重要な衛生措置です。石鹸を使用し洗浄した後、手指消毒を行います。

また、定期的に健康診断を受診し、常に健康管理しましょう。スタッフの毎日の健康管理が、お客様への安心な施術の提供につながります。

プロのネイリストとして、手指の伝染性の疾患に感染しないように心掛けることが重要です。手指に手荒れや傷があると、病原体に感染する可能性は高まります。

万が一、感染の恐れがある伝染性の疾患にかかった場合は、業務についてはいけません。スタッフが業務に従事できない主な皮膚疾患をあげておきます。

伝染性膿痂疹（トビヒ）、単純性疱疹、疥癬、爪及び手白癬、尋常性疣贅（イボ）等があげられます。

▶3. 施術に使用する器具・用具類の消毒

3つ目は、施術に使用する器具・用具類の消毒です。私たちはネイル施術の中で、ニッパーやメタルプッシャーなど、直接皮膚に触れる器具類を使います。更に、付け爪やジェルネイルは自爪の上に異物をかぶせるため、消毒が非常に重要な意味を持ちます。施術中のダストや臭気にも気を配る必要があります。また、施術に使用する溶剤の保管方法も正しい配慮が必要です（P16 - 表4、5参照）。さまざまな施術の種類やプロセスにおいて、技術者の消毒意識は必要不可欠なものです。

器具・用具類により消毒方法が多少異なりますが、洗浄→消毒→乾燥→保管までを管理します。洗浄済み及び消毒済みの器具類と、使用済みの未消毒の器具類を区別して、きちんと明記した容器等での保管が必要です。使用する薬品類、化粧品、ネイル材料の正しい保管方法の徹底も重要です。

ネイルのための消毒

消毒とは、主として病原微生物を殺すか、または除去して感染力をなくすことをいいます。
対象物に存在している病原性のある微生物を害のない程度までに減らすことを目的に行います（芽胞を除く）。
ここで重要なのは、病気の感染力をなくすことです。私たち技術者が病気の媒介人にならにために、消毒の徹底が大切です。

洗　浄 ……	消毒や滅菌の前に行う最も基本的な衛生措置。
滅　菌 ……	病原微生物のみでなく、あらゆる微生物を殺すかまたは除去して、微生物が存在しない状態にすること。
殺　菌 ……	微生物を殺すこと。これはサロン内で行うことはありません。
防　腐 ……	微生物を殺さないまでも、その繁殖や作用を止めて目的物の腐敗を防ぐこと。
消　毒 ……	主として病原微生物を殺すか、または除去して感染力をなくすこと。対象物に存在している病原性のある微生物[※]を、害のない程度までに減らすことを目的に行います。

※病原微生物には、細菌（一般細菌、黄色ブドウ球菌、緑濃菌など）、真菌（カビ、白癬菌、カンジダなど）、ウイルス（イボウイルス〈ヒト乳頭種ウイルス〉、ヘルペスウイルスなど）、芽胞（細菌芽胞）があります。

消毒方法

消毒方法は、物理的な方法と化学的な方法に分けられます。

A　物理的消毒方法

熱エネルギーや光エネルギーを用いて消毒を行う方法です。
いずれも、広範囲の病原微生物に対しての消毒効果が得られます。（表2参照）

	▼消毒方法	▼対象微生物	▼使用方法
物理的	●紫外線	一般細菌、結核菌、真菌、ウイルス等	85μw/cm²の消毒器で連続して20分以上照射する。
	●煮　沸	一般細菌、結核菌、真菌、ウイルス等	器具投入後、沸騰してから2分間以上煮沸。
	●蒸　気	一般細菌、結核菌、真菌、ウイルス等	80℃以上で10分間以上蒸気にあてる。

(表2)

B 化学的消毒方法

化学薬品等の消毒液を用いて消毒を行う方法です。コットンやガーゼに含ませて消毒する物の表面を拭き取る「清拭」と、規定の濃度の消毒液に規定の時間以上消毒する物を浸す「浸漬」の方法があります。
以下に記載したのは、多くのネイルサロンが使用しているエタノールと次亜塩素酸ナトリウムです。(表3参照)

	▼消毒方法	▼対象微生物	▼使用方法
化学的	●エタノール	一般細菌、黄色ブドウ球菌、緑膿菌、結核菌、真菌、HIVウイルス等	76.9～81.4%の水溶液に10分間以上浸すか、清拭する。
	●次亜塩素酸ナトリウム	一般細菌、黄色ブドウ球菌、緑膿菌、真菌、ウイルス等	0.01～0.1%の水溶液に10分間以上浸す。

(表3)

◎器具類の保管方法

皮膚に接する器具類は、洗浄及び消毒済みと未消毒（使用済み）の物を区別して保管する。また、個々に収納容器（密閉できるふた付きのトレイや、ジップスタイルのビニール袋など）に入れる。

(表4)

◎薬品類・ネイル化粧品・ネイル材料の保管方法

保管時の注意点
1. 火気厳禁
2. 保存時密栓
3. 直射日光を避けた涼しい場所
4. 高温多湿を避ける
5. 保管数量を過剰にしない

(表5)

●ネイルサロンの衛生状態を常に管理するために、下の様なチェックシートを作成して定期的にチェックしましょう。

ネイルサロン衛生管理チェックシート

月　日　No.

ネイルサロン名：
衛生管理責任者 氏名：

点検月日（月／日）

項目		内容	/	/	/	/	/
施設および設備	清掃 ※②～④には石鹸、消毒液などを備えること	① 作業場					
		② 手洗い設備					
		③ 器具等洗い場					
		④ トイレ					
		⑤ 廃棄物の適正な処理					
	点検および管理 ※⑥～⑨は定期的な電気機器の点検および清掃を含む	⑥ 適切な換気					
		⑦ 照明・再考					
		⑧ 快適な室温と湿度					
		⑨ ネイルサービスで私用する機器類					
		⑩ 揮発性用材等の管理（ネイル材料・消毒液など）					
消毒	消毒	⑪ 使用済器具類の適正な消毒					
		⑫ 使用済布片類の適正な消毒					
		⑬ お客様一人ごとの衛生措置					
	管理	⑭ 器具類・布片類の適正な保管					
		⑮ 消毒剤の適正な管理					
		⑯ 紫外線消毒機器等の適正な管理					
従業者	身だしなみ健康チェック	⑰ 清潔な外衣と身だしなみ					
		⑱ 健康状態（感染性疾患にかかっていない）					
		⑲ 適切な手指の衛生措置					
	個人情報	⑳ 個人情報の適正な管理					

参考資料：ネイルサロン衛生管理マニュアル（NPO法人日本ネイリスト協会）

Lesson 2

NAIL Care
ネイルケアの基本理論と技術

ケアとは、ネイルだけではなく美しい指先をつくりあげること

Tool of Care
ネイルケアで使用する用具用材

Lesson.2 NAIL Care

Cosmetics Study for Care
ネイルケアの香粧品学

ネイルケアは、ネイルのエステティックとも呼ばれる施術です。皮膚や爪に負担をかけることなく、正しい施術を行う上でも使用する用材をよく理解しておくことが大切です。特性を知ることによって、技術を向上させることにも活かせます。

   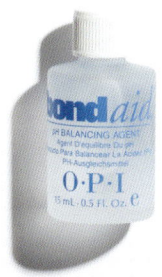

▲ ポリッシュ（左から順にベースコート、トップコート、カラーポリッシュ）とプレプライマー

すべてをポリッシュと総称しています。ポリッシュは溶剤の中に、皮膜形成剤や可塑剤が均一に溶解されています。カラーポリッシュは、その中に色材が溶けているものです。主成分としてニトロセルロース、アクリル樹脂などがあげられます。ベースコートとトップコートの違いを知ることが大切で、それには使用目的を学ぶことが重要です。ベースコートはカラーポリッシュと自爪との密着性を高めるとともに、カラーポリッシュからの色素沈着を防ぎます。そのために薄く塗布でき早く乾く粘度が低くなっています。接着効果を高めるために樹脂成分の割合が高いトップコートは、カラーポリッシュを保護し光沢感を出します。最近のトップコートは更に乾きが早く、ベースコート以上に粘度の低いものが多くなっていますが、それは皮膜強化のためにニトロセルロースの割合が高いからです。プレプライマーはポリッシュ類の持ちをよくするために、ベースコート前に爪に塗布するものです。アルコール類を主成分とするため、不要な油分、水分を除去します。

▲ ポリッシュリムーバー

ポリッシュの皮膜を溶かし、除去するためのもの。主成分としてアセトン、酢酸ブチル、酢酸エチルなどがあげられます。手早くポリッシュを溶かし、除去できることが爪の健康にとって最も望ましいことです。

▲ キューティクルクリーム

ネイルケアのときにキューティクルに塗布し、キューティクルを軟らかくしやすくするものです。鉱物油（ワセリンなど）や動物性油脂（蜜ロウ、ラノリン）、植物油（カメリア、シアバター）などにビタミン、エッセンスを加えたエモリエント（保湿）クリームです。

▲ キューティクルオイル

爪とその周りの皮膚の乾燥を防ぐために塗布します。ホホバ油、ヤシ油などにミネラルやビタミンを配合したものが多くあります。ローズ、ピーチ、ラベンダー、アプリコット等、香りに配慮した商品が多くあります。

▲ マッサージローション

手や足のマッサージに使われる鉱物や動物性の液体油、半固体脂、固体脂を含んだローション。油性タイプだけではなく、ゲルタイプもあります。アロマセラピーを利用したマッサージや、スパを導入するサロンも数多くあり、施術法によって選択します。

How to Prepare for Tools
用具の準備の仕方

すべてのネイルの施術前には、使用する道具類を使いやすいように準備しておきましょう。テクニックをうまく発揮するためにとても重要なことです。まず、ケアからアートまで、さまざまな施術で使用するファイルとウッドスティックの準備の方法です。

ウッドスティック

ラウンド型

1 ウッドスティックは両サイドを片方ずつ、カットする形を変えます。プッシュアップするときなどに使用するため、一方はラウンドの形をイメージして角をとり、丸みのあるスタイルにカットします。キューティクルケア（プッシュアップ時）は、キューティクルへ負担がかかりにくいように厚みも薄くしておきます。

2 コットンを少量、手にとり、ウッドスティックの先端を覆うようにくるみます。決して厚くなりすぎないように注意が必要です。コットンが厚くなりすぎると、プッシュアップ時にキューティクルに負担をかけます。ウッドスティックの先端を少し濡らしてから、コットンの中心にウッドスティックをあてて巻いていくと、巻きつけやすくなります。

シェイプ形

1 もう片方は、先端を尖らせたシェイプ形にカットします。カラーポリッシュの、はみ出たところを美しく整えるときに使います。サイドウォールに、ぴったり入りこむように薄くカットします。

2 極少量のコットンを、ウッドスティックの先端にまとわりつける程度に巻きつけます。コットンを巻いた状態でも、極力厚みがないように注意します。

ファイル

1 新しいファイルは、エッジ部分が鋭くなっています。エッジの鋭い角が残っていると、ファイルのときにお客様や技術者の皮膚を傷つけてしまいます。

2 ファイル同士でこすり合わせて、角をすべて落としておきます。

3 エッジの角がない状態です。角がとれているため、皮膚を傷つける心配がなくなります。

Lesson.2 NAIL Care

✺ Technique for Care ネイルケアの手順
ネイル技術のすべての基礎になる、お手入れの技術

1
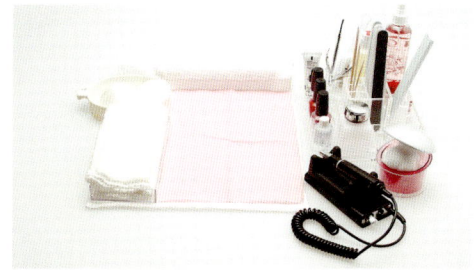
対面式でも側面式でも、使用する道具はきき手側にセットします。手際よい技術が、心地よいサービスにつながります。

2

施術前に、手指、器具を衛生的に良い状態にすることが重要です。ニッパーなどの器具類はお客様ごとに消毒し、ウェットステリライザーにセットしておきます。

3

施術者の手指を消毒してから、お客様の手指を消毒します。手の甲側、手の平側、指先までくまなく行います。

4

指を支える基本形です。技術者の手指でお客様の指を下からしっかりと支え、ネイルの両側のスキンダウンを親指と中指で行います。施術を受けるネイルがきちんと見える状態にします。

5
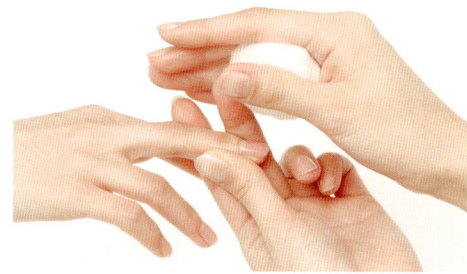
ポリッシュリムーバーをたっぷり含ませたコットンで、古いポリッシュを溶かしながら落とします。こするような強い力で落としてはいけません。

6

キューティクル側から爪先に向かって落とし、周りの皮膚に古いポリッシュが付かないようにします。コットンの汚れた面は折り返しながら、常にきれいな面で拭き取ることもポイントです。

7
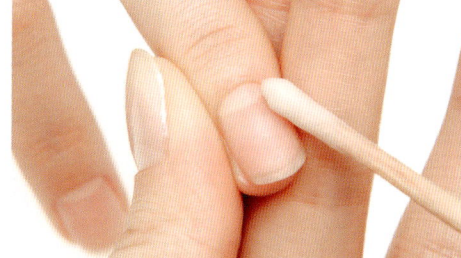
キューティクルラインやサイドの際は、コットンを巻きつけたウッドスティックに、ポリッシュリムーバーを含ませて取り去ります。皮膚に染み込ませないように、リムーバーの付けすぎに気をつけましょう。

8
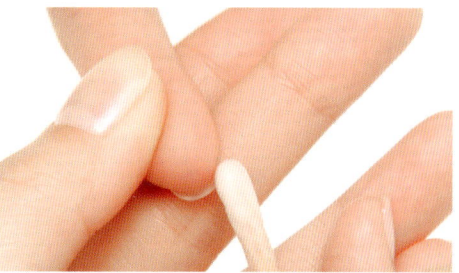
爪の厚みと裏面は手の平側から取るとよいでしょう。サイドから中央にポリッシュを取り去ります。フリーエッジの長さにより、スティックに巻くコットンの量を調節すると効果的に落とせます。

✼ *File* カットスタイル

爪先の形を整える用具＝ファイルの持ち方です。正しい持ち方をすることによって、手早い施術、正確な技術が生み出されます。
力を入れずに軽く持ち、手の力ではなく、あくまでもファイルのやすり面で削ります。

ファイル　カットスタイル

●ファイルをお客様側に倒しすぎてあてていたり、ファイルに力を入れすぎてカットしないこと。

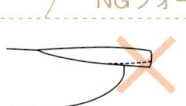

NGフォーム

●サイドはストレートに仕上げます。横から見た場合、ラインがダウンしていると、爪が幅広に見えてしまいます。

① スクエア　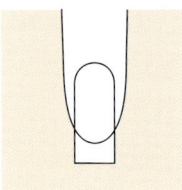
爪の先端と両サイドがストレートな形。角があるため、日常生活には不向きです。

② スクエア・オフ　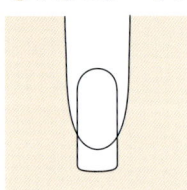
スクエアの先端の両角をカットして丸みを持たせたもの。ダメージに強い。存在感のあるカットスタイルになります。爪の面積がとれるため、アートのデザインによって効果的に使えます。

③ ラウンド　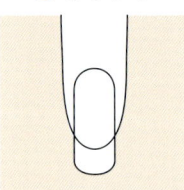
両サイドはストレートだが、先端は円周の一部の様なゆるやかなカーブをもたせた形。スクエア・オフに比べて、やや女性的で優しいイメージのカットスタイルです。

④ オーバル　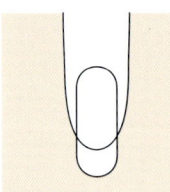
爪先とキューティクルラインを同じような卵型に削った形。エレガントに見えますが、ダメージには弱くなります。

⑤ ポイント　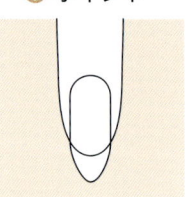
先端が細く、カーブを描いた形。強度はありませんが、シャープな印象です。

ファイリング

スクエア・オフ	ラウンド
1  爪の長さを整え、先端を真っすぐに整えます。どのカットスタイルをつくるときでも、必ず爪の面を技術者の顔に正対させてカットスタイルを確認しながら行います。ファイルは同一方向に引いていきます。	1  先端の長さを整えてから、爪の側面を正面、サイドから真っすぐに見えるようにカットします。スクエア・オフ同様、ストレスポイントにファイルがあたらないように気をつけます。
2 側面は真上から見て、真っすぐに見えることが理想です。サイドから見てもダウンしたり、削りすぎないように。ファイルするときは爪の表面やストレスポイントを傷つけないように、あてる角度に気をつけます。	2  利き手と反対側からサイドストレートをとり、ラウンドのラインをつくっていきます。爪の中央に正中線を頭の中で描き、正中線に向かって左右対象にカットしていきます。
3 ファイルの面を爪の厚みにあてて、内側と外側と両方の角が残らないようにオフします。	3  反対側もサイドのストレートなラインから、左右対称になるようにラウンドの丸みのある形をとります。サイドと先端を結ぶ接続のコーナーに、角が残らないようにつなげます。

Clean Up クリーンナップ

Lesson.2 *NAIL Care*

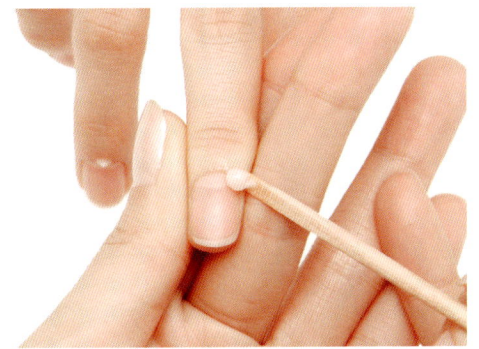

1 ファイルが終わったら、少量のキューティクルクリームをキューティクルに塗布していきます。施術は片手ずつ交互に行います。

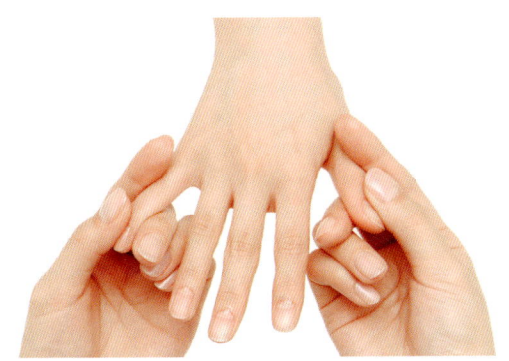

2 キューティクルクリームを塗布するときは、キューティクルとサイドウォール全体を軽くマッサージするように施術すると効果的です。

3 キューティクルと角質を軟らかくするため、微温湯に液体ソープを入れたフィンガーボールに指を浸します。施術は利き手側から左右交互に行い、ふやかしすぎないように注意します。

4 フィンガーボールから手指を出し、タオルドライをします。皮膚の表面についた水分は、キューティクルクリームを指先から取らないように軽く押さえる程度にし、施術は完全にドライな状態ではなく、常にウェットな状態で行います。

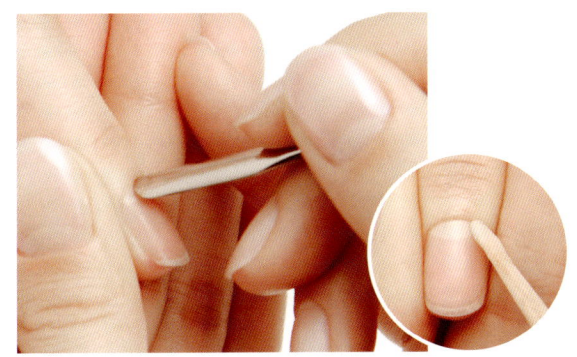

5 メタルプッシャーでキューティクルをプッシュアップし、ルースキューティクルを処理しやすい状態にします。プッシュアップはサイドから中央へ進めていきます。強く押すとダメージを与え、ネイル表面の凹凸やささくれをつくる原因になります。コットンを巻いたウッドスティックで代用してもよいでしょう。

6 再度フィンガーボールに指を浸し、その間、もう片方の手のプッシュアップを行った後、ネイルブラシで、爪の表面と裏側の汚れやルースキューティクルを取ります。ささくれや傷のある場合は注意しながら行います。

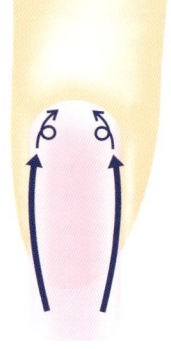

クリーンナップのポイント

ガーゼはサイドウォール側面から無理な力をかけず小さな円を描くように、センターに向かってクリーンナップを行います。

7 キューティクルの形を整えながらクリーンナップしていきます。ガーゼは親指に巻きつけ、水にぬらした状態で使用します。キューティクルのカーブに合わせて小さな円を描くように動かします。フリーエッジの裏側もストレスポイント部分からクリーンナップします。

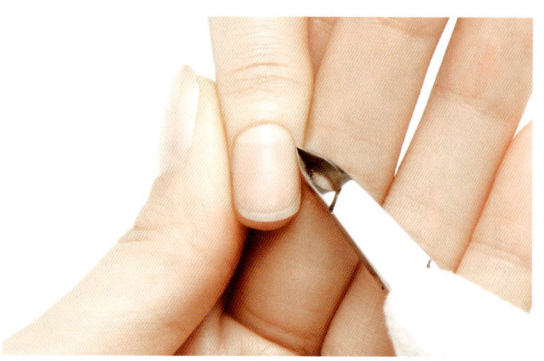

キューティクルの両コーナー部分は、ルースキューティクルの取り残しが多いところ。注意しましょう！

8 ガーゼクリーンの後、キューティクルニッパーで、ルースキューティクルを取り除きます。ささくれ、亀裂の入ったキューティクルをなだらかにつなげるように整えていきます。スキンダウンを行い、ニッパーの刃先の角度に注意します。

Ex. マシン・システム

プッシュアップとブラシダウンをマシンで行うことができます。

A マシンのプッシャーでキューティクルをプッシュアップする場合、必ず事前にマシンの回転数のチェックをします。また、マシンのハンドピースは、鉛筆を持つように安定してきちんと支えることが重要です。マシンのバイブレーションでマッサージ効果も得られます。

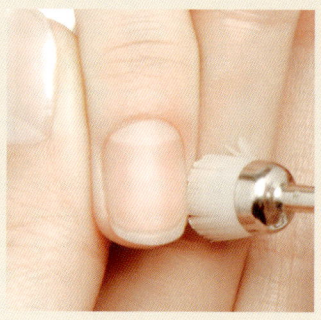

B マシンのブラシは円形で回転します。ブラシのエッジをうまく使って、ネイルの面に対して常に直角にあてます。無駄なくブラシダウン（洗い流すこと）できます。

クリーンナップの際、手早く施術を行うためにはガーゼとニッパーを一緒に持って施術できることが理想です。ここでは、それぞれの持ち方を見直してみましょう。また、メタルプッシャーの持ち方、あて方も重要です。

ニッパーの持ち方とあて方

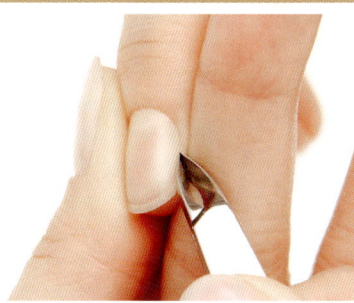

1 ニッパーのコネクトの部分を人差し指で安定させます。ニッパーの片方の足を母指球側にしっかり固定し、もう一方の足を中指、薬指で開閉します。

2 右サイドを行う場合の例、お客様の指を支えている中指で、スキンダウンしながらニッパーの歯先を支えます。

3 ルースキューティクルは、ニッパーをキューティクルラインに沿わせるように動かし除去します。

メタルプッシャーの持ち方とあて方

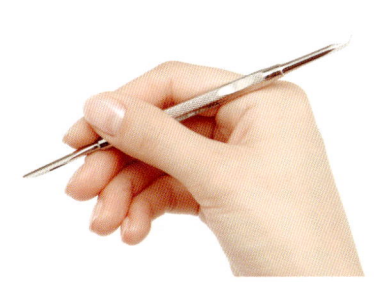

1 鉛筆を持つように持ち、プッシュアップする際は、人差し指をはずして力を抜くようにします。小指や薬指で支えながら動かすと、安定した施術が行えます。

2 爪表面のカーブ、コーナーにフィットする角度であてます。あまり寝かしすぎて使うと、キューティクルに負担をかけて痛みを感じます。プレート上のルースキューティクルを浮かせながら、キューティクルラインをプッシュアップしていきます。

3 イクステンション装着のとき、メタルプッシャーのクレーバー（メタルプッシャーの反対側）を使います。水分を使用しないプレパレーション時に、ルースキューティクルをかき出すように除去するために使用します。

ガーゼの持ち方

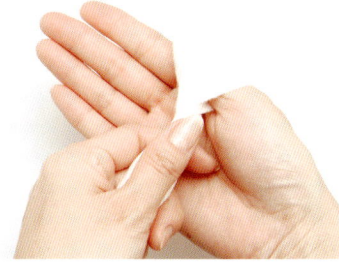

親指に巻きつけるガーゼは2～3枚重ねで、目安は技術者の爪先がガーゼの目から出ないこと。緩まないようにしっかり巻きつけて持ちます。ガーゼの端を引きずらない様に、ガーゼの端は内側に捻って手の平に納めます。

✺ *Massage* ネイリストのハンドマッサージ

ネイリストのマッサージは、健康で美しい指先と爪づくり、そしてリラクゼーションが目的です。
強弱をつけたリズムのあるマッサージが心地よさに結びつきます。

1　クリーム塗布

マッサージクリームを適量（マスカット1粒程度）取ります。手の平でクリームを体温になじませ、異物の有無も確認します。

4　牽引（けんいん）

親指と人差し指でお客様の指をはさみ、指の表裏、左右の脇を牽引していきます。

2　軽擦（けいさつ）

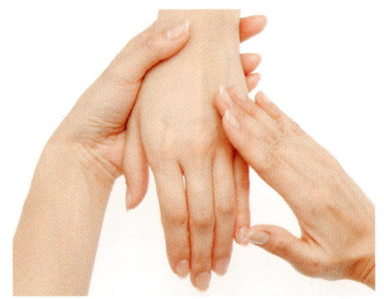
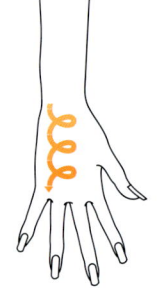

手の甲側にクリームを延ばすように優しく軽擦していきます。

5　圧迫

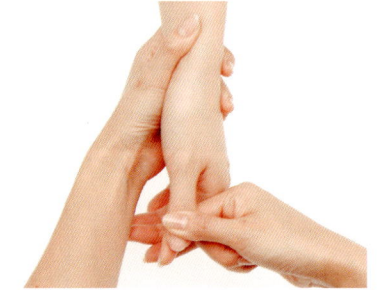
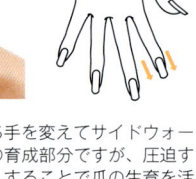

ネイルマトリクスを上から圧迫し、次に持ち手を変えてサイドウォールを左右から圧迫。ネイルマトリクスは爪の育成部分ですが、圧迫することにより血液の流れを促し、代謝をよくすることで爪の生育を活発にします。

3　強擦（きょうさつ）

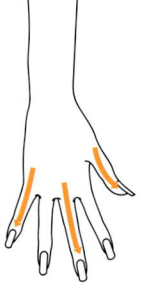

支えの手でお客様の手首をしっかり支えます。指のつけ根から指先に向かって、らせんを描くように指のはらで強擦していきます。

6　圧迫

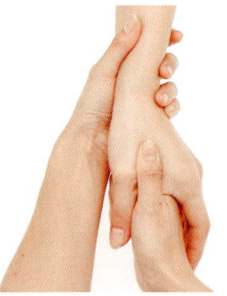
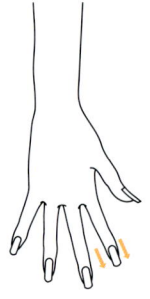

次に指と指の間を圧迫。手の平側と手の甲を同時に圧迫します。

Lesson.2 *NAIL Care*

7 強擦・圧迫

手の平側に返し、技術者の指をお客様の親指と小指の間に入れ、両手の人差し指で手首を張らせます。手の平の母指球と小指球の部分を、両方の親指で"人"の字を書くように強擦。次に技術者の両親指を重ね、母指球側を圧迫します。

8 ストレッチ

手首の運動法。お客様の手首をしっかりと支えながら技術者の指とお客様の指を組み合わせ、左右両手方向に回転させます。その後、指の根元の真中を指を組んだ状態で圧迫します。

9 伸展

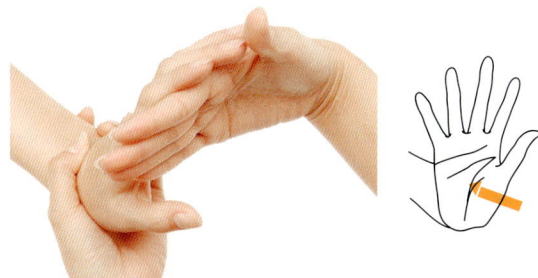

指を抜き、指全体を技術者の手の甲側全体を使って伸展させます。

10 回転

技術者の人差し指と中指で、各指のネイルマトリクスの上部をはさみ、指の根元を左右に回転させます。

11 軽擦

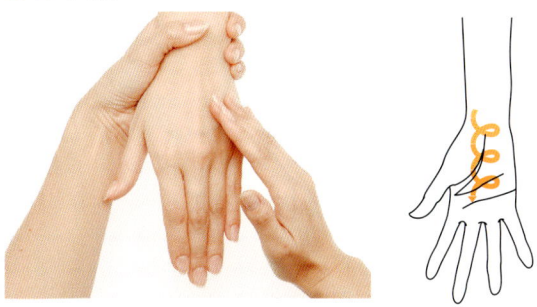

手全体につなぎの軽擦をします。興奮させた手指をおだやかにさせます。軽擦を入れることで鎮静させます。

12 拭き取り

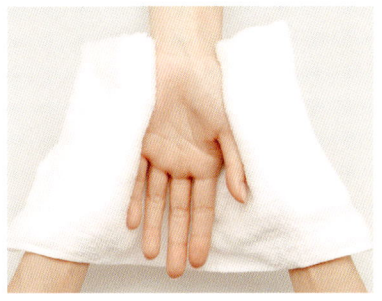

スチームタオルを広げ、お客様の手を包み込みタオルの上から軽く圧迫。タオルを広げ指の間を拭き取ります。

✺ Polish ポリッシュ塗布法

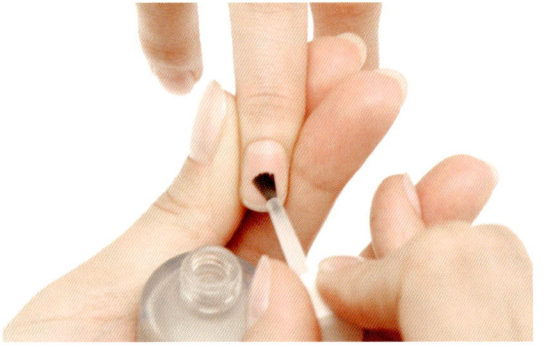

1　ポリッシュをネイルプレートに塗布する前に、アルコールやプレカラーリング剤（下地剤）でネイルの表面と裏側、爪先の余分な油分、水分を取り除きます（ケアとしてマッサージを入れる場合は、スチームタオルで全体の油分を拭き取り、その後に爪の表面を拭き取ってから行う）。

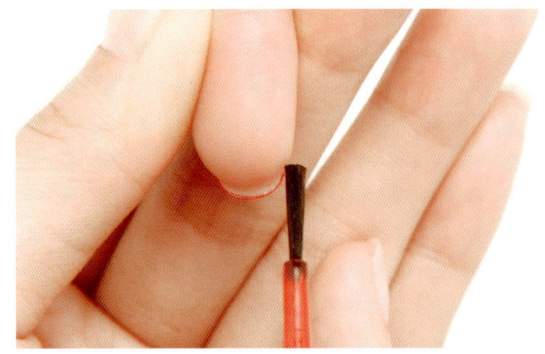

4　カラーポリッシュを裏側から厚み部分に塗ります。ハケのエッジを利用して、ラインを引くように塗っていきます。ストレスポイントまでしっかりカバーします。カラーポリッシュは2回塗りますが、厚み部分も2回塗布すると耐久性が良くなります。

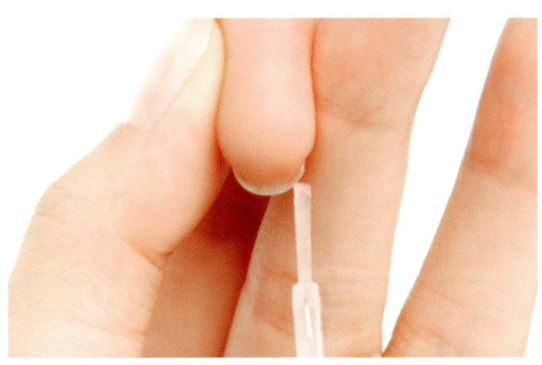

2　手の平の側からネイルの厚み部分にベースコートを塗ります。お客様の指をしっかり固定してサイドの皮膚をダウンさせ、ストレスポイント部分から、しっかりコーティングします。

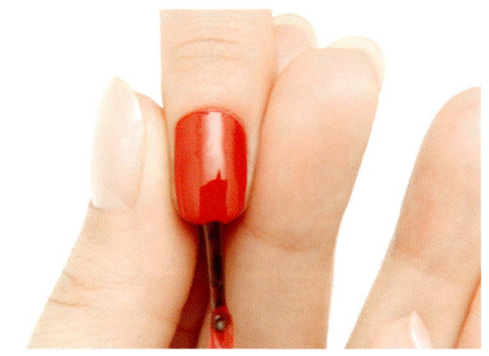

5　カラーは2回塗布。キューティクル際は、サイドぎりぎりまで塗布します。カラーポリッシュの仕上がりは際のラインを美しくとり、表面の塗りムラのないことがポイントです。余分な力を加えず優しく塗布します。ハケにとるとポリッシュの量を爪の大きさに合わせて調節しましょう。

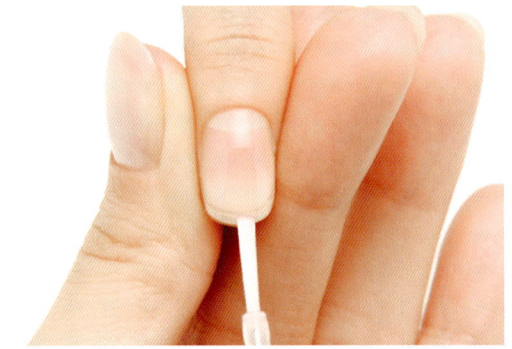

3　表面は中央、左、右と3ストロークで塗ります。1ストロークごとに、塗った筆跡を消すように素早くポリッシュを平らにし、筆は寝かせすぎず45度くらいにあてます。ベースコートはカラーポリッシュの定着をよくし、自爪の色素沈着を防止します。

6　リムーバーを少量含ませたウッドスティックにごく薄くコットンを巻いて、カラーポリッシュのはみ出した部分を修正。サイドウォール、ストレスポイントなどをチェックします。

Lesson.2 *NAIL Care*

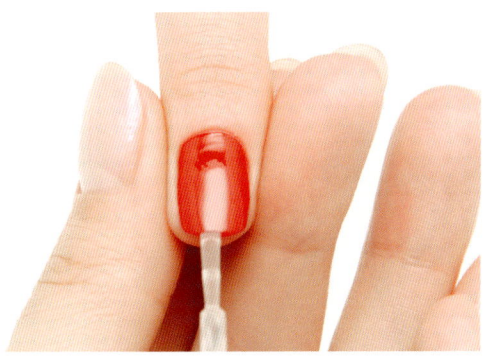

7 光沢を持たせ、カラーを保護する役目のトップコートを塗布します。2〜3日に1度トップコートを塗ることによりカラーが長持ちします。ネイルにとってポリッシュリムーバーの頻繁な使用はダメージになるため、1週間持つカラーリングを目指しましょう。

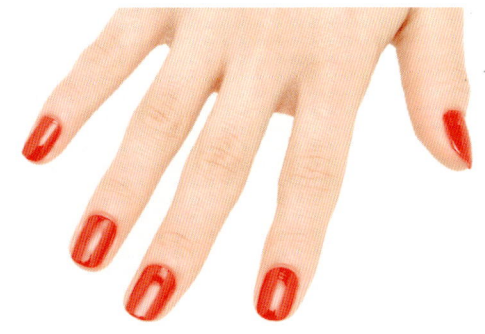

8 仕上がり。指の長さや形にバランスよく合う仕上がりで、より美しい手元に！

塗布のポイント

A．クリームタイプ

 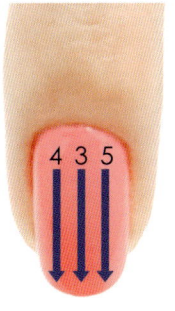

● 爪の裏側から厚みの部分を、センターに向けて2方向から塗布します。表面はセンターから左右均一に塗り進めます。キューティクル際は、ハケをやや立ててラインをつなげます。2度目の塗布は、ポリッシュの量を少し多くします。

B．シアー＆パールタイプ

 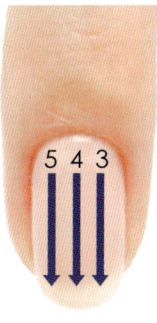

● 透明感があり、ムラになりやすいタイプのポリッシュは、表面を塗布する際に、端から寄せていくように塗布するとよいでしょう。力を抜いて一気にハケを引きます。同じところを何度もさわらないように、手早く塗布します。

爪の表面を塗布する場合

● ボトルのネック部分でハケの片側をしっかりとしごきます。ハケの反対側に残ったポリッシュで塗布していきます。爪の大きさによって残す量を調節します。

爪のエッジを塗布する場合

● ボトルのネック部分でハケを回転させ、余分なポリッシュを落とします。ハケにポリッシュが均等についた状態にして、エッジに塗布します。

Polish Art ポリッシュアート

ポリッシュを使って行う基本的なフラットアート

〔 フレンチ 〕

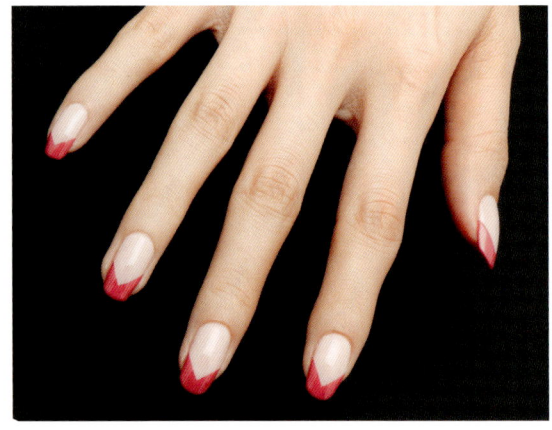

〔 シェブロン 〕

Technique

1 　基本はベースカラー2回。先端のカラー2回で塗布しますが、ベースカラー、先端のカラーを交互に塗布していくと剥げにくくなります。先端のカラーはハケを横向きにして左右から塗布し、左右対称になるように中央でラインを合わせます。

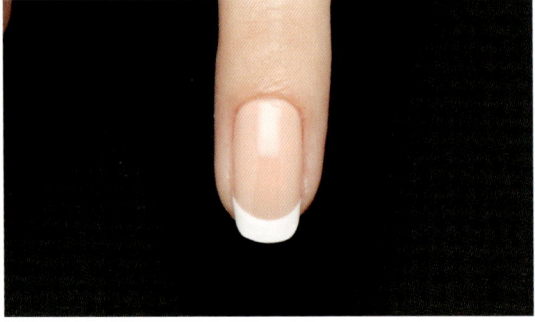

2 　ポリッシュアートの代表的デザイン。基本のベースカラーはナチュラルなシアータイプのベージュピンクで、先端は乳白色です。別名、ナチュラルルックともいうように、ナチュラルネイルが美しくデフォルメされた表現です。現在は、先端が真っ白なデザインがポピュラーになっています。

Technique

1 　フレンチと同様に、ベースカラーと先端のカラーを交互に塗布していきます。先端のカラーは左右に分け、中央で合わせるように一気にまっすぐなラインをとっていくとよいでしょう。

2 　変形フレンチ。シャープなラインをとるのでクールな印象です。やや印象の強いデザインですが、フレンチデザインがベースなのでコンサバティブなイメージに仕上がります。カラフルなカラーを使用することで個性的なデザインにできます。

Lesson.2 *NAIL Care*

〔 マーブル 〕

Technique

1　爪全体にベースカラーを塗布した後、何ヶ所かにドット状にポリッシュを置きます。ポリッシュが乾かないうちにトップコートのハケでバランスよくマーブリングします。ハケを動かしすぎると失敗しやすくなります。ベースのカラーをやや多めに、その上にドットを浮かすように置くのがコツです。

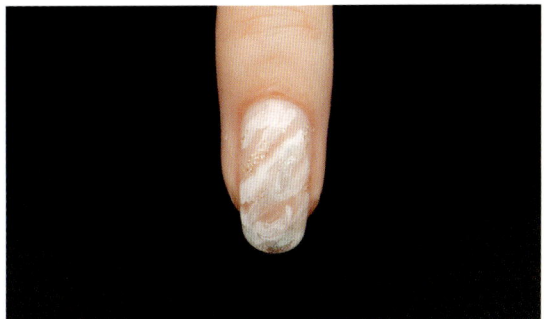

2　数色のポリッシュを使って表現する大理石模様。明度差のあるポリッシュを合わせることで鮮明なマーブルの表現ができますが、あえて同系のポリッシュやホワイトのかわりにパールを使用したり、ベースカラー（トップコートなどを用いて）にクリアを利用することで軽めのデザインがつくれます。

〔 グラデーション 〕

Technique

1　ベースカラーを塗布した後、クリア系、パール系、グリッター系のポリッシュを順番に使用して爪先からぼかしていきます。すべてのカラーが乾ききらないうちに手早くぼかしていきます。

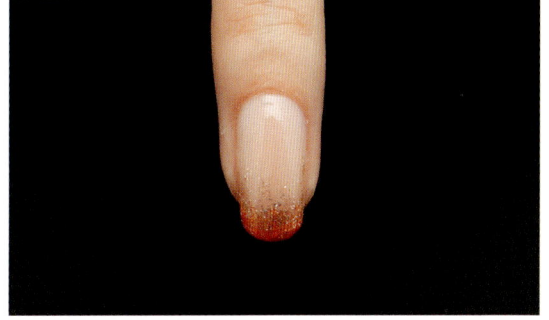

2　ポリッシュの特性を生かしたデザイン。エアーブラシのようなグラデーション効果が得られます。グリッターを利用することでデザインがしやすくなり、ポリッシュが剥げにくく、長持ちするようになります。ここではグリッターと同系色のパール系ポリッシュも使用し、よりはっきりとグラデーションを出しています。

Men's Buffing メンズバフィング

自爪の表面の艶を出す技術です。メンズネイルでは仕上げの重要な技術

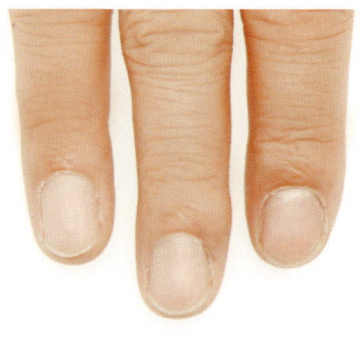

1 ネイルケア前。爪表面に凹凸があるため汚れも付着しやすくキューティクルも荒れている状態です。乾燥が進むと爪表面も影響を受けやすくなります。

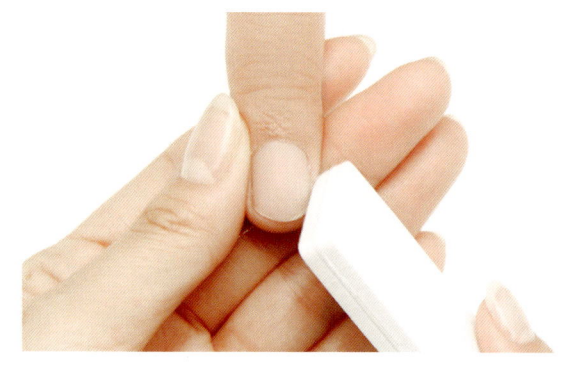

4 仕上げのシャイナーで艶を出します。

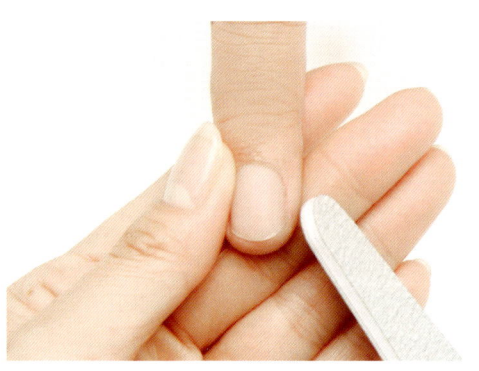

2 爪表面の筋を180グリッド程度のファイルを使ってなだらかにします。削りすぎて爪を薄くしすぎないように注意しましょう。

Ex 伸びてきた爪はキューティクルライン際の伸びた分だけファイルをかけ、その後全体の艶出しをします。

3 爪表面にファイルのスクラッチを残さないように、さらに細かい目のバフで仕上げていきます。

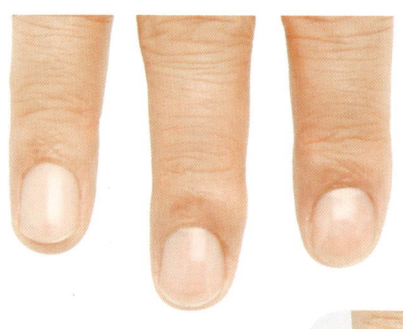

5 仕上がり

Lesson 3

NAIL Repair
修理、修復、補強の技術

サロンで必要とされるレスキューテクニック

Tool of Repair
リペアで使用する用具用材

Chemical Study for Repair
リペアの化学

　リペアには、自爪をリペアするテクニックと、イクステンションをリペアするテクニックがありますが、Lesson.3では、自爪のリペアに絞って解説していきます。イクステンションのリペアはP68のスカルプチュアネイルのメンテナンスを参照してください。

　リペアには2つの柱があります。1つは弱い爪を補強することと、もう1つはヒビや2枚爪を修復することです。いずれもお客様それぞれの様々な爪の状態があるため、アイデアとテクニックが勝負になってきます。

　ここではリペアで使う代表的な5つの用材について理解していきましょう。それぞれの特性を知ることで、さらに技術にアレンジができるようになるはずです。

▲ アクティベーター

グルーやジェルを使用するときに、硬化時間を短縮するために使う硬化促進剤。ボトルタイプ、ハケタイプなどがある。大量のグルーを急激に硬化させると、硬化熱を強く感じることがあるため注意しましょう。

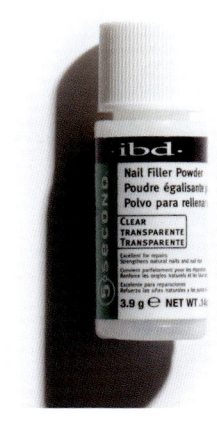

▲ パウダーフィラー

パウダー状のアクリルを使用することによって、ラップ材をさらに強くコーティングします。粒子が細かくクリアなものがよく、容器はシェイカートップタイプが使いやすいです。非常にオーソドックスなスタイルの施術ですが応用しやすく、どんなタイプの爪にもアレンジしやすい特徴があります。

▲ ジェル
（シアノ系、レジン系、UV系）

シアノアクリレート系のものやレジンがジェルタイプになったものです。UVライトにあてることによって硬化させるものや、アクティベーターなどで硬化させるものなど、さまざまなタイプがあります。レジンは爪のハイポイントも比較的つくりやすいため、使用するネイリストが多くいます。また、UVライトジェル以外はアクティベーター（硬化促進剤）と併用することによって、硬化時間を短縮できますので、とても施術しやすくなります。UVライトジェルに関しては、P41・Lesson.4で詳しく説明します。

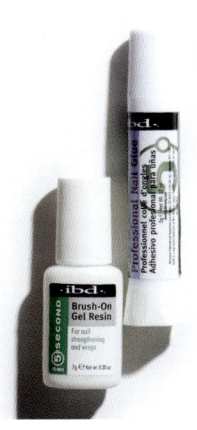

▲ グルー（ネイル用接着剤）

通常、サロンで使われているものはシアノアクリレート系の瞬間接着剤です。このグルーは空気中の水分など、微量の水分を含み、重合して接着します。接着後は水や油に弱いため、ポリッシュなどでコーティングすることで、水などから保護することが大切です。

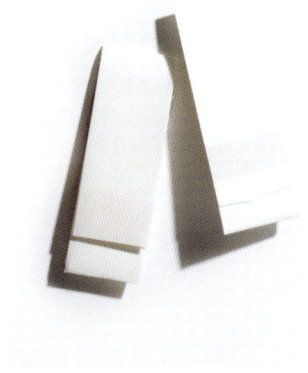

◀ ラップ材（シルク、ファイバー）

シルク、リネン、和紙、ファイバー等があります。現在もっともポピュラーなのは、シルクとファイバー。リネンは厚みがあるのでナチュラルさに欠けます。和紙も厚みが出てしまいます。ナチュラル感は少ないもののグルーを使わず、濃度の高いポリッシュ系のものでカバーしていくので、爪の負担は少なくなります。化学繊維のファイバーがもっとも薄く丈夫ですが、メッシュが見えてしまうことが欠点です。天然繊維のシルクが1番ナチュラルに仕上がります。

Glue On & Powder Filler グルーオン&パウダーフィラー

グルーとパウダーフィラーを使っての簡易的なリペア技術

1
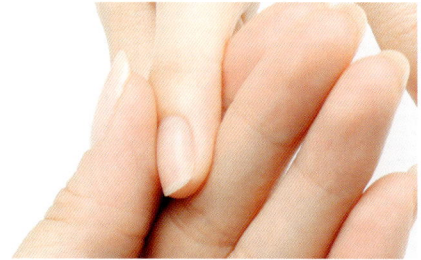
手指消毒を行い、ヒビや2枚爪の状態を確認します。ネイル表面の油分や汚れを取り除きます。

2
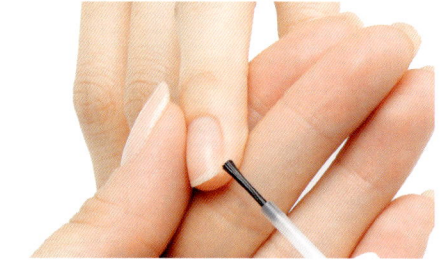
ヒビや2枚爪の部分にグルーを充填します。グルーはごく少量で十分です。多すぎると固まりにくく、流れ出てトラブルを起こします。

3
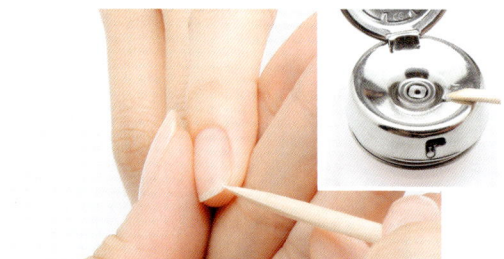
ウッドスティックでヒビの場所を押さえることで爪の浮きをなくし、定着させます。ここを丁寧に行うことがポイントです。万が一グルーが皮膚についてしまった場合は、少量のリムーバーをつけて優しく皮膚から離してあげましょう。

4
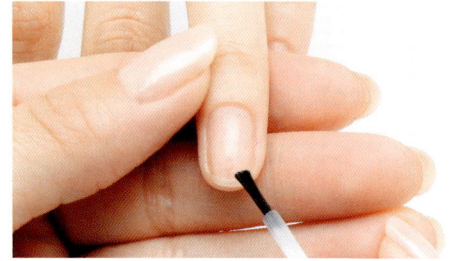
ストレスポイントが完全にカバーされる位置から、ブラシタイプのグルーを爪表面に塗布します。

5
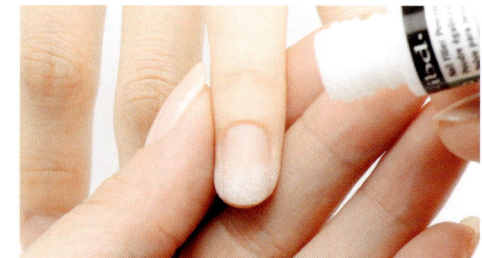
グルーが乾く前にパウダーフィラーを両サイドから中央の順にかけていきます。パウダーフィラーのボトルを軽く指でたたき、少量で均一にカバーします。

6

周りの皮膚に付いた余分なフィラーを乾いたウッドスティックで丁寧に取り除きます。

7
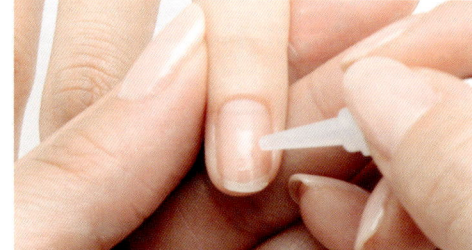
パウダーフィラーにグルーを浸透させ、固めます。量が多いと瞬間的に硬化熱を感じることがあるので注意しましょう。必要に応じて⑤～⑦を繰り返し、厚みをつくります。

8
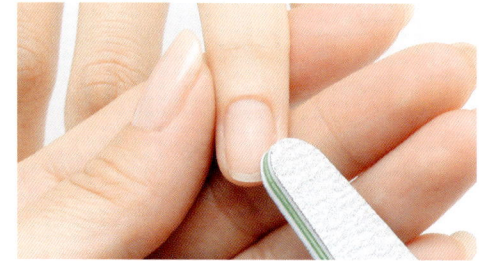
中目のファイル、細目のファイルの順で徐々にスムーズにします。自爪との段差を削りすぎないように注意します。爪に対して常に立体的な見方でファイルしましょう。更に仕上のシャイナーで艶を出します。(P38仕上がり参照)

Lesson.3　NAIL Repair

❊ *Wraps & Powder Filler* ラップ&パウダーフィラー（シルク）

自爪にシルクのラップ材を使って補強する技術

1
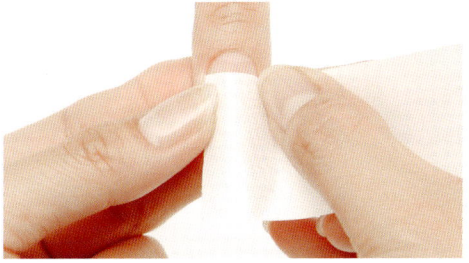
手指消毒を行い、ネイル表面の油分や汚れを取り、シルク素材のラップ材（シールタイプ）を爪のサイズに合わせます。爪のサイド（サイドライン）から逆サイドのストレスポイントまで、きちんとカバーできる幅にカットします。

2
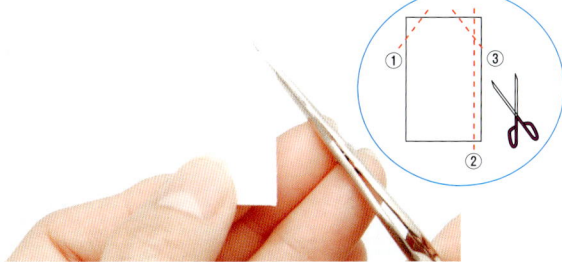
①ラップ剤のコーナー部分をカットし、ネイルベッドに貼ります。②爪のサイド（サイドライン）から逆サイドのストレスポイントまできちんとカバーし、幅に合わせてカットします。③最後にラップ剤の反対側のコーナー部分をカットすることで、爪からシルクが剥がれにくくなります。

3
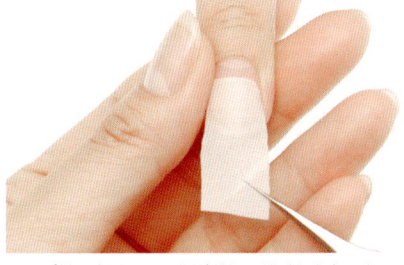
ラップ材の裏面シールを剥がし、サイドからストレスポイントをカバーしながら貼ります。裏面がシールタイプではない場合は片サイドにグルーを使い、安定させて逆サイドまで徐々に貼っていきます。

4

ビニールを使い、ラップ材と自爪の間の空気を抜くようにしっかりと定着させます。

5
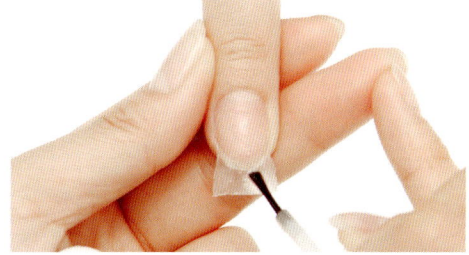
ラップ材の上にブラシタイプのグルーを塗布します。ラップ材の両サイドをウッドスティックで押さえ、浮かないように固定します。

6

爪先端の余分なラップ材を中目のファイルでカットします（グルーで固くなっているためカットしやすい）。表面を削ってしまわないようにファイルの角度に注意しましょう。

7

ラップ材全体をカバーするように、ブラシタイプのグルーを塗布します。表面が濡れる程度の少量で十分です。グルーの量が多いと硬化しにくく、かつ、硬化熱を感じやすくなります。

8
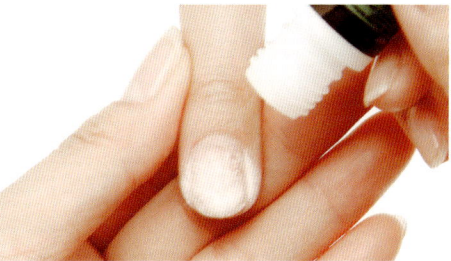
グルーが乾く前にパウダーフィラーをかけていきます。爪のハイポイント（横から見たときの一番山の部分）をつくるようにのせていきます。

9

周りの皮膚に付いた余分なパウダーフィラーを、乾いたウッドスティックで丁寧に取り除きます。

13

ダストを取り除いた後、ポリッシュでカバーします。仕上げにキューティクルオイルを周りに塗布しましょう。

10

パウダーフィラーにグルーを浸透させ、固めます。⑧〜⑩を2、3回繰り返し、適度な厚みをつくります。

● 仕上がり

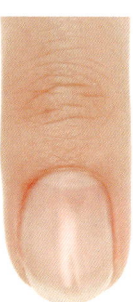

11

表面をファイルします。粗目から細目のファイルへと変えながら、表面の凹凸を滑らかにしていきます。このとき、ラップ材を削らないように注意しましょう。

12

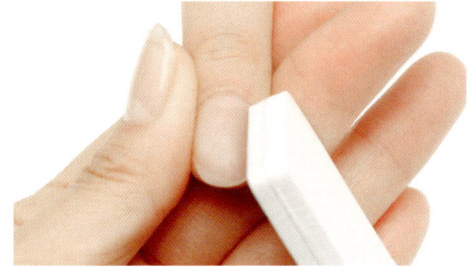

シャイナーで艶を出して仕上げていきます。表面の仕上げを丁寧に行うことによってナチュラルで美しく仕上がります。

Lesson.3 *NAIL* Repair

✺ *Silk Extention* シルクエクステンション

ラップ材のシルクを使って行う付け爪の技術

1

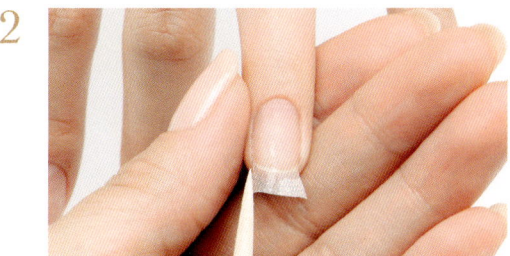

手指消毒を行い、爪表面の油分や汚れを取り、シルク素材のラップ材(シールタイプ)を爪のサイズに合わせ、しっかり定着させます。自爪上のラップ材にのみブラシタイプのグルーを塗布し固定します。

2

フリーエッジ部分のシルクに片側だけブラシタイプのグルーを塗布し、パウダーフィラーをかけ、ウッドスティックで押さえカーブをつくります。

3

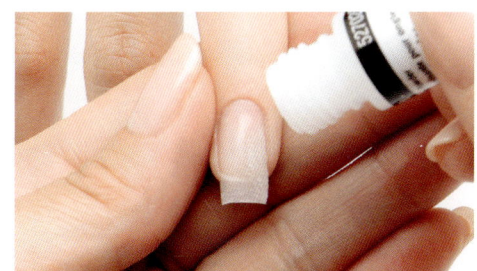

もう片側も同様に行います。

4

ラップ材全体をカバーするように、ブラシタイプのグルーを塗布します。表面が濡れる程度の少量で十分です。グルーが乾く前にパウダーフィラーをかけていきます。

5

周りの皮膚に付いた余分なパウダーフィラーを乾いたウッドスティックで取り除き、チューブタイプグルーを浸透させ、固めます。2、3回繰り返し適度な厚み、ナチュラルなハイポイントをつくります。

6

アウトライン、表面をファイルします。粗目から細目のファイルへと変えながら、表面の凹凸を滑らかにしていきます。このとき、ラップ材を削らないように注意しましょう。

7

スポンジ状のバフの後、仕上げのシャイナーで艶を出します。ポリッシュで保護し、キューティクルオイルを塗布します。

● 仕上がり

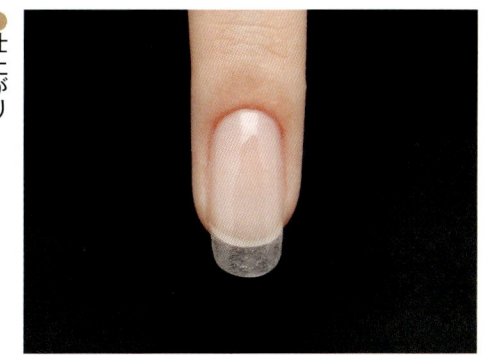

Wraps & Resin ラップ＆レジン（ファイバー）

自爪にファイバーのラップ材を使って補強する技術

1

ラップ＆レジンは薄い爪や傷んだ爪の補強に使います。ファイバー素材のラップ材（シールタイプ）を爪のサイズに合わせます。ラップ材をストレスポイントまで、きちんとカバーできる幅にカットすることが重要ポイントです。

2

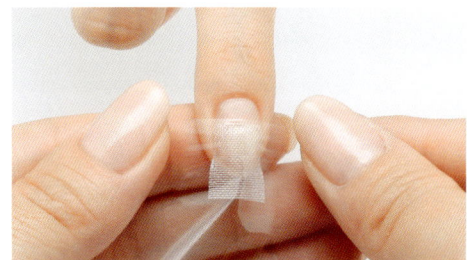

裏面シールを剥がし、ネイルプレートに馴染ませます。ファイバーラップ材はメッシュのようなもので、ウッドスティック等で押さえるとほつれてしまう場合があるので注意。ビニール等でよじれないようにそっと密着させます。

3

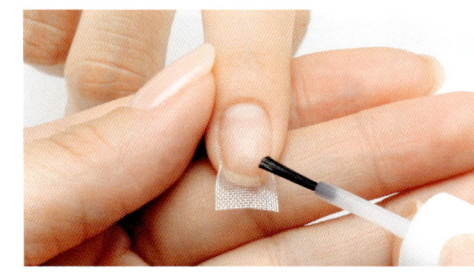

ラップ剤の上にブラシタイプのグルーを塗布して貼ります。ラップ材の両サイドをウッドスティックで押さえ、浮かないように固定します。

4

爪先端の余分なラップ材を中目のファイルでカットします。表面はメッシュの目が消える程度に、ごく軽めにスポンジ状のバフでファイルします。ジェルレジンをのせる前にダストをしっかりと取り除きます。

5

爪の大きさに合わせて適量のジェルレジンをのせます。

6

爪をサイドから見ながら、ナチュラルなハイポイントをつくりましょう。

7

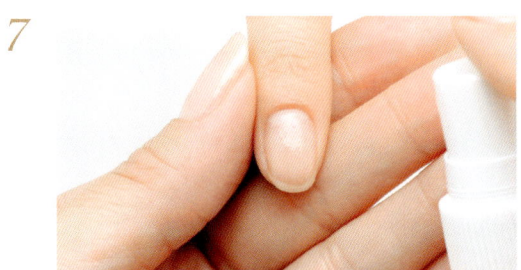

スプレーアクティベーターでジェルを硬化させます。スプレーアクティベーターは近くで吹き付けると、ジェルに小さな気泡ができたり硬化熱がやや強く感じられたりしますので、爪から少し離してスプレーします。

8

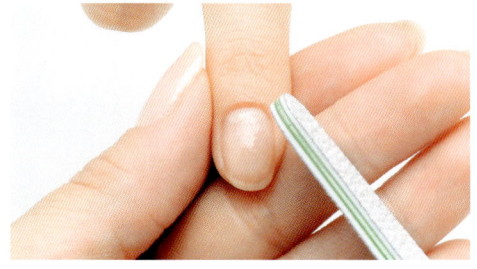

細目のファイルで表面を軽く艶を消す程度に磨き、アウトラインを整え次にスポンジ状のバフで表面の小さな凹凸を整えます。ファイバーラップは非常に薄いので、削らないようにバフで仕上げます。更に仕上げのシャイナーで艶を出します。
（P38仕上がり参照）

Tool of Gel
ジェルネイル初級編で使用する用具用材

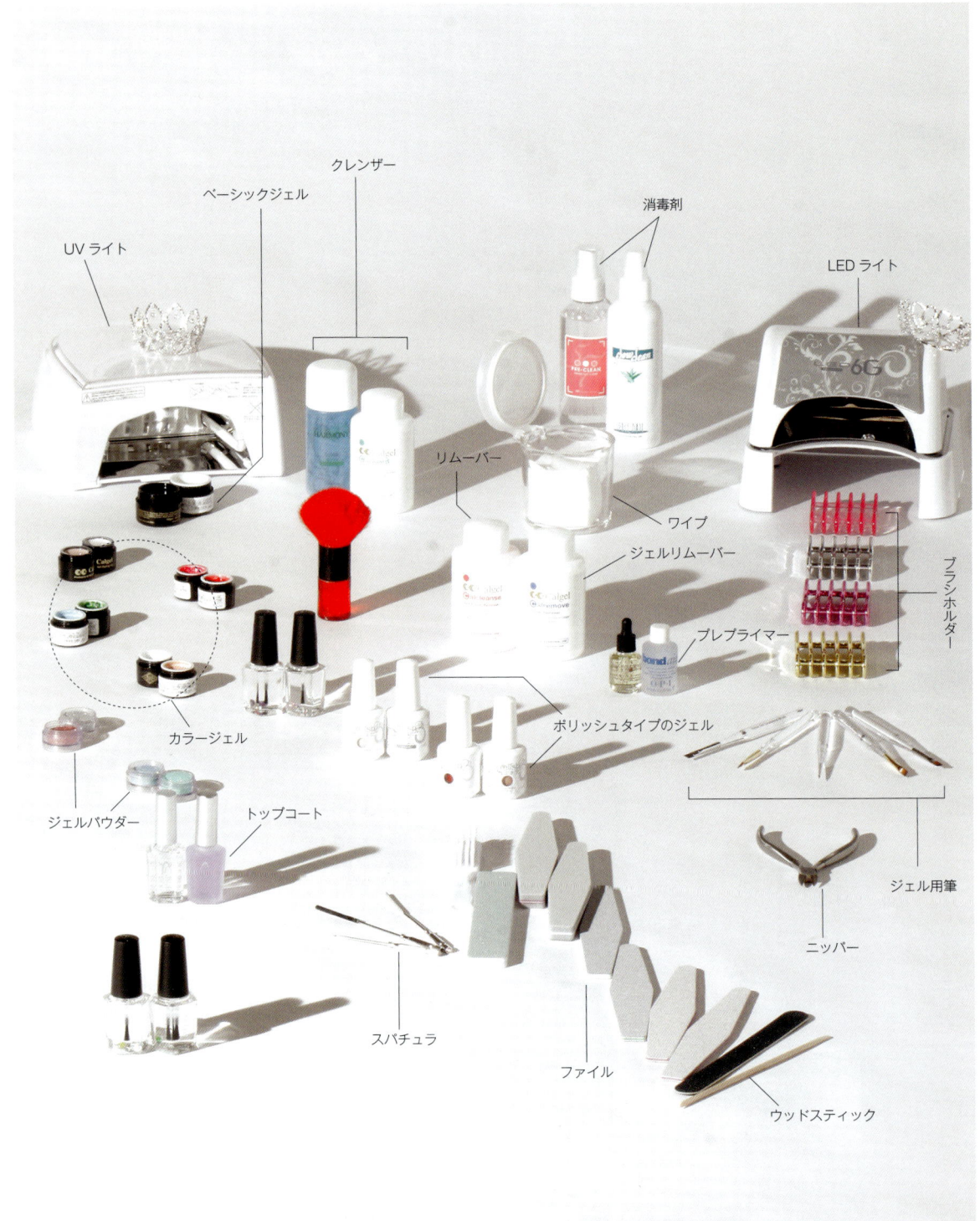

Lesson.4 *Gel NAIL for basic*

Chemical Study of Gel
ジェルネイル初級編の化学

ジェルを使っての基本テクニックは、自爪へのコーティングであるオーバーレイ（フローター）と、ポリッシュ同様のカラーリングです。オーバーレイは自爪の補強にもなるテクニックです。短時間でランプによって硬化するジェルはその利便性から、ケアの仕上げのカラーリングとしても人気のメニューです。

▲ カラージェル

ポリッシュのように楽しめる色がついたジェルです。ハードジェル、ソフトジェルの2種類があります。現在、日本では溶剤で落とすことができるソフトジェルが主流です。

▲ ベーシックジェル

各メーカーによって硬さが異なる基本のジェルがあります。自爪との密着度を高め色素沈着を防ぐベースジェルや、艶を出し持ちを良くするトップジェルがあります。

▲ クレンザー

ジェルライトに当てて、硬化後に表面に残る未硬化のジェルを拭き取るものです。ブラシの洗浄にも使用します。

▲ 拭き取りがいらないジェル

ハケタイプなので、ポリッシュを塗るときと同じ感覚で塗布することができます。更に、硬化後に未硬化ジェルを残さないタイプのジェルなので、施術時間が短縮できます。

▲ ポリッシュタイプのジェル

ボトルに入ったハケタイプなので、ポリッシュを塗るときと同じ感覚で塗布することができます。ハードジェル、ソフトジェルとポリッシュの中間の位置づけで展開されています。

Preparation
ジェルネイル初級編の概要

ジェルネイルは、技術体系ではイクステンションに含まれますが、フローター（自爪のオーバーレイ）などはラップに代わるリペア的な補修として考えられます。

カラージェルやアートジェル（ラメ等が入ったもの）は、カラーポリッシュの代わりに、ハンドでもフットでも楽しまれています。

ジェルネイルにはハードジェルとソフトジェルがあります。

ハードジェルは一般的には溶剤では溶けないので、オフするときにはファイルをする必要がありますが、美しい光沢が持続し、ネイルテクニックにより長さやアーチロケーションを出すことができます。ソフトジェルは溶剤で簡単に落とすことができ、柔軟性があり自爪にフィットしやすく違和感がなく、カラーポリッシュより艶と耐久性が優れています。

◎下準備：プレパレーション　>> ジェルを塗布する前にリフトや剥がれが起きないようにするための下準備を行います。

1 エメリーボードで爪先端の形を整えます。イクステンションの場合は、イエローラインに沿って短くします。

4 中目のスポンジファイルで爪表面をサンディングします。特に際はリフトしやすいので、念入りに行いましょう。

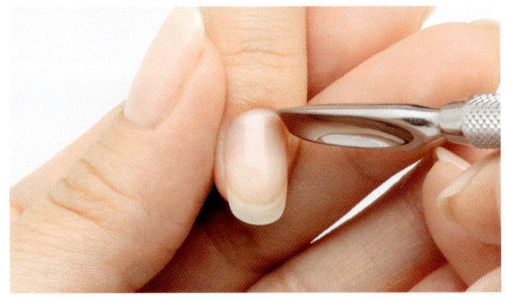

2 キューティクルの下処理を行ないます。爪表面に水分を残さないように、アルコールを使いながらメタルプッシャーで爪表面上のルースキューティクル、キューティクルをプッシュアップします。

5 ダストブラシでコーナー部分までしっかりとダストを除去します。

3 ルースキューティクルをメタルプッシャーでかき出し、ニッパーでキューティクルを整えます。

6 下地剤（プレプライマーやジェル専用下地剤）を使用し、爪先端を含め、全体的に油分・水分の除去をします。

Lesson.4 *Gel NAIL for basic*

❋ *Floater (Overlay)* 初級編：フローター（オーバーレイ）のテクニック

ナチュラルネイルを補強し、割れにくく、折れにくくします。

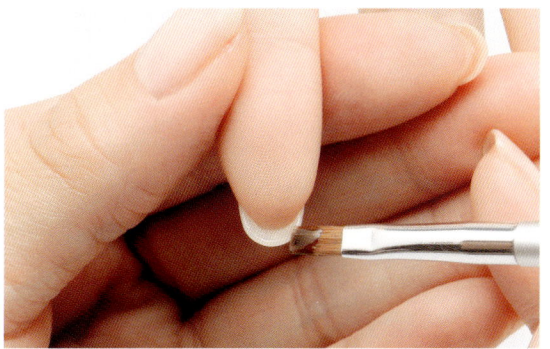

1　裏面からエッジにジェルをコーティングします。爪が短い場合でも、このコーティングが重要なので必ず行います。

4　2コート目を塗布します。キューティクル際からハイポイントを意識して厚みを付けていきます。厚みを付けた場合、急激に長時間ライトに当てないようにしましょう。硬化熱を感じやすくなっています。

2　1コート目を塗布します。キューティクル際に厚み（ジェルの溜まり）をつくらないようにハケの角度に注意します。皮膚にジェルが付いたまま硬化させると、そこからリフトしてきますので必ず取り除いて下さい。

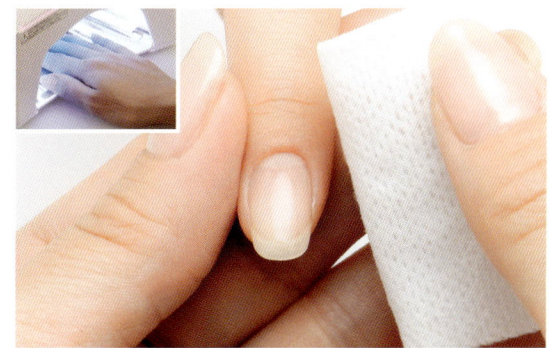

5　ライトに当てて完全硬化させます。各メーカーの指定する時間を守りましょう（硬化が未完全だと艶が出ません）。その後拭き取りをします。硬化しきれないジェル（未硬化ジェル）が表面に残りますので、アルコール等で拭き取ります。各メーカーによって、拭き取りなしのタイプや拭き取り専用剤もあります。

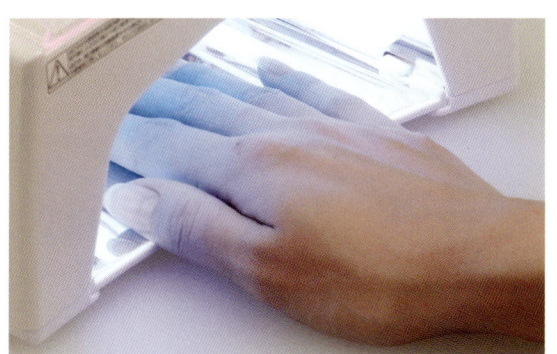

3　ライトに数秒当てます。ここで1度ジェルの動きを止めるためにライトに当て、硬化させます。各メーカーによって、硬化時間（1分〜3分程度）が異なりますので、メーカーの指示を確認しましょう。

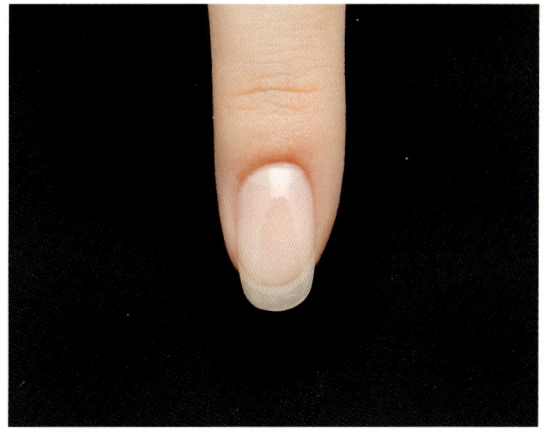

● 仕上がり

Color Gel 初級編：カラージェルネイルテクニック

持ちが良く、早く乾く（硬化する）ポリッシュとして不動の人気のテクニック。

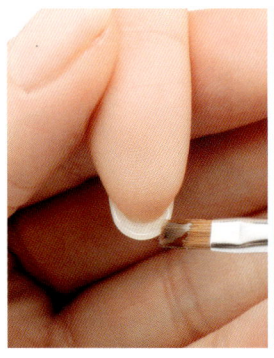 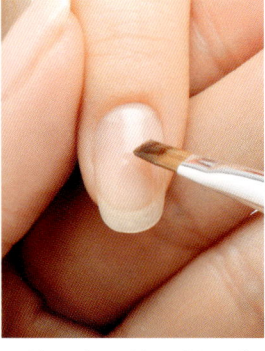 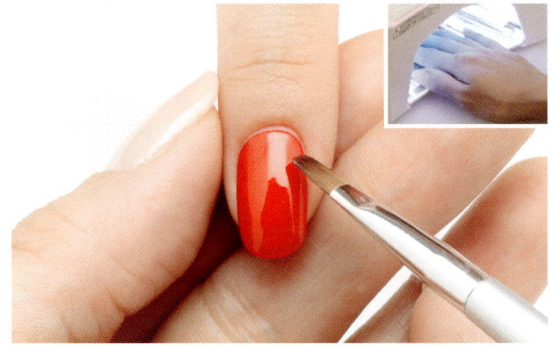

1　プレパレーション後、ベースジェルをエッジ、ストレスポイントまでしっかり塗布します（左）。ベースジェルを爪表面に塗布し（右）、ライトに当てて硬化させます。（P44〜45参照）

3　カラージェルを2コートに分けて塗布していきます。通常カラーポリッシュと同様、キューティクルラインを美しく、表面のムラもないように塗布していきます。セルフレベリングを利用し、さわりすぎないようにしましょう。爪先からの囲みも行います。塗布後、ライトに当てて硬化させます。

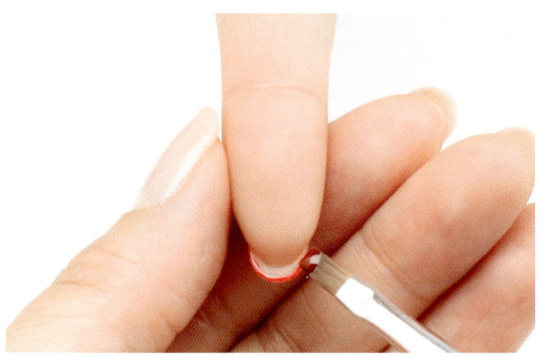 

2　カラージェルをエッジ、ストレスポイントまでしっかり塗布します。

4　全体にトップジェルを塗布し、ライトに当てます。裏面も含め、未硬化ジェルを拭き取ります。

仕上がり

Lesson.4 *Gel NAIL for basic*

Peecock ジェルネイル・ピーコックテクニック

ジェルの特性を活かしたジェルアートテクニック。組み合わせによって様々なアレンジができます。

1　土台のカラージェルを塗布し硬化した後、ピーコックアートをする部分に薄くクリアジェルを塗布し、ラインを筆で誘導しやすくします。

4　更に3色目のカラージェルでラインを描きます。ラインが均一な間隔、ジェルの量で描けるとバランスが良くなります。

2　アート用の細筆を使い1色目のカラージェルでラインを描きます。

5　クリアジェルを少量つけた筆ですばやくラインを引きます。ライトに入れ硬化させ、全体にトップジェルを塗布して仕上げます。

3　続いて2色目のカラージェルでラインを描きます。

●仕上がり

Marvle ジェルネイル・マーブルテクニック

ポリッシュ同様、流れる様なジェルの特性を活かしたアートの1つ。

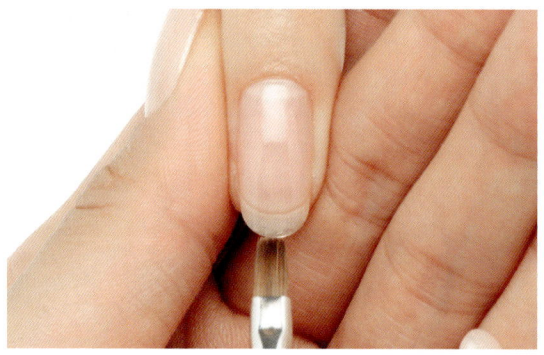

1　ベースジェルを塗布し硬化した後、クリアジェルまたはカラージェルを塗布します。

4　筆先を使い、斜めにマーブリングをしていきます。ライトを当てなければ硬化しないので、慌てずに模様をつくりましょう。マーブリング後、1度ライトに当てて模様を固定させます。

2　アート用の細筆を使い1色目のカラージェルをバランス良く置いていきます。

5　全体にトップジェルを塗布して仕上げます

3　続いて2色目のカラージェルを置いていきます。

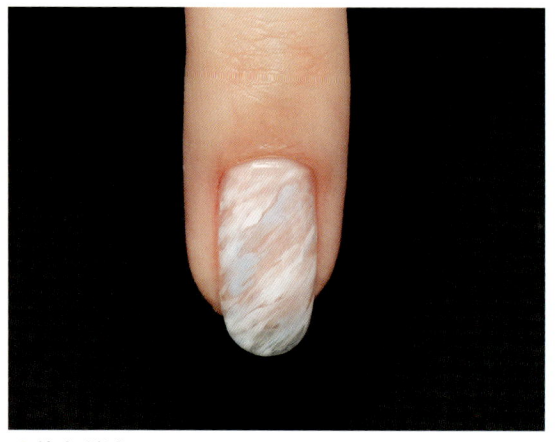

●仕上がり

Lesson 5

Extension
付け爪の基本理論と技術

美しい理想のフォルムを創り上げる魔法のテクニック

Tool of Extension
イクステンションで使用する用具用材

Chemical Study of Gel
イクステンションの化学

イクステンション（付け爪）を行う上で、施術に使用する材料の化学的な特性を理解せずに、やみくもなトレーニングだけでは、テクニックの向上には結びつきません。材料を扱う環境（室温、湿度など）によって、硬化時間、施術のタイミングなどすべてが変わってしまうのです。ネイリストのための化学的知識が必要です。

▲ アクリルパウダー

イクステンションをつくるためのパウダー状のアクリルです。爪の色に合わせて、よりナチュラルなカラーがたくさん出ています。素原料は義歯材料と同じですが、現在、ネイル専用アクリルパウダーとして、色、強度、操作性からくる粒子の大小、構成など様々な改良が加えられ、見直され続けています。各メーカーによる硬化時間を調べて、アクリルリキッドとの混合比率をマスターしてください。

▲ アクリルリキッド

イクステンションをつくるための材料です。常温で重合するレジンで即時重合タイプのため、すぐに硬化を始めます。透明度が高いものです。アクリルリキッドとアクリルパウダーの混合比率によって、耐久性が左右されます。アクリルリキッドが多すぎると、アクリルパウダーが沈降して均一でなくなるため片寄った収縮が起こり、強度が弱まります。逆にアクリルリキッドが少なすぎると自爪との接着力が落ち、リフトしやすくなります。こうした操作を安定させるためにも、各メーカーのアクリルリキッド、アクリルパウダーに適した筆を選ぶことが大切です。

▲ プライマー

イクステンションをつくるための接着や耐久性をよくするために使用するものです。接着面積を増やし、爪表面の浮遊物を取り除くことも大切な作用があります。強酸タイプとボンドタイプ等があります。決して皮膚に付けないで下さい。

◀ ブラシクリーナー、ネイルアセトン

いずれも固まってしまったスカルプチュアを膨潤させて取るために使用します。アセトンは、アクリルを唯一除去することができます。ブラシクリーナーは決してブラシのためには良くないので、使用するのは極力控えましょう。アセトンの使用法は、P69を参照。

▲ UVトップコート

仕上がったスカルプチュアをカバーする専用トップコート。紫外線防止剤等の対策がされているトップコートで、スカルプチュアの黄変を防ぐために使用します。ナチュラルネイルには使用しません。

Preparation
イクステンションのための準備

プレパレーションとは下準備のこと。下準備をきちんとすることで、爪表面の浮遊物を除去し、
接着面積を増やし、リフトしにくく、また、持ちの良いイクステンションをつくることができます。

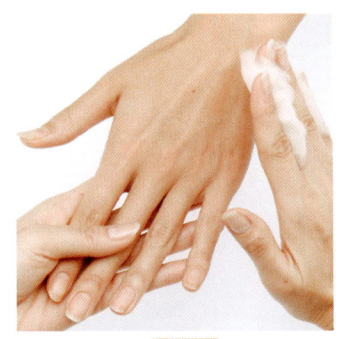

1 手指の消毒をします。

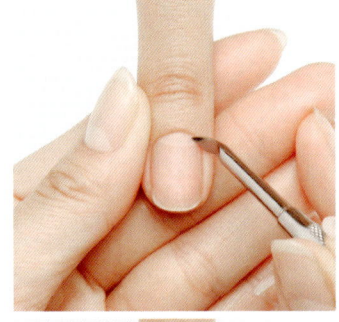

5 メタルプッシャーのクレーバー（プッシャーの反対側）で、離れたルースキューティクルをかき出します。先端は鋭いので、傷つけないように注意しましょう。

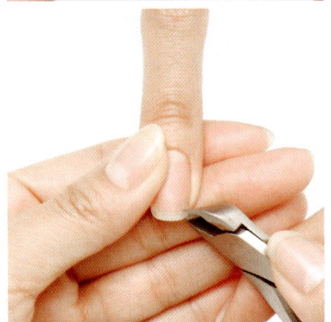

2 爪先端をイエローラインに沿って短く整えます。必要に応じてネイルニッパーを使用します。その後、エメリーボードで整えます。

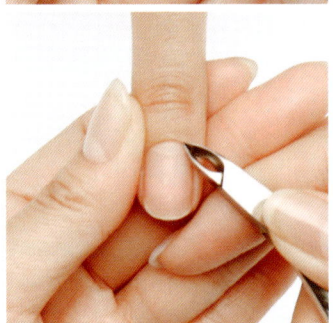

6 ニッパーでキューティクルを整えます。

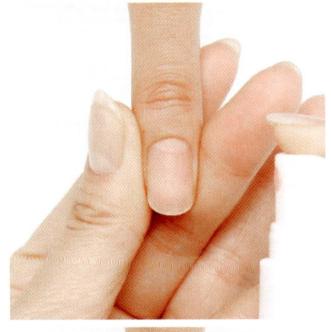

3 キューティクルの下処理を行う際に、プッシュアップをしやすいようにアルコールを使用します（アルコールは揮発性ですので、水分として残りにくい）。

7 中目のファイルで爪表面をサンディングします。特に際は念入りに行いましょう。艶がなくなるのが目安です。

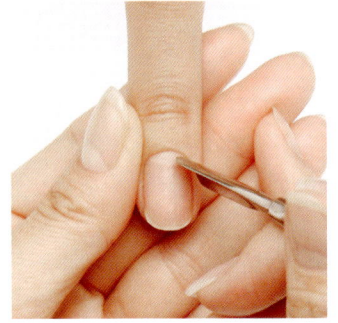

4 メタルプッシャーで爪表面上のルースキューティクル、キューティクルを離していきます。メタルプッシャーの角度（寝かせすぎ）に注意します。サイドからコーナー、中心へと順にプッシュアップしていきます。

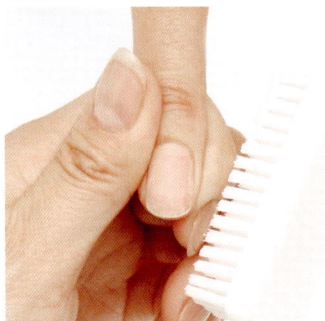

8 毛足のしっかりしたダストブラシで、コーナー部分までしっかりとダストを除去します。ダストが残ったままイクステンションを行うとその部分からリフトが起こります。

Lesson.5 *Extension*

Tip Wrap チップラップのテクニック

爪の先端フリーエッジがつくられているチップを利用して行うイクステンションです。

1

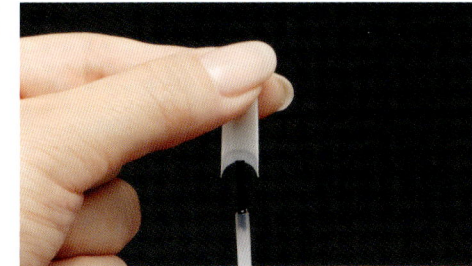

●チップが大きすぎ　●チップが小さすぎ

チップのサイズは、爪の表面に隙間なくあてた状態で、サイドラインに合ったチップを選びます。

2

次に、チップに仕込みを行います。Cカーブ棒を使用し、湯銭したチップをCカーブ用スティックに入れ、更に湯銭し、冷却させ形を固定します。

3

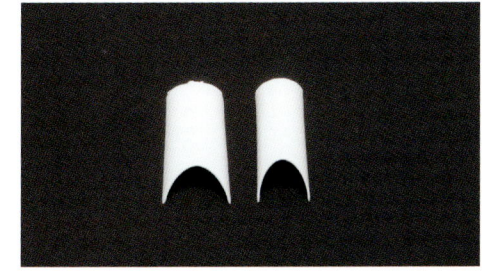

左は仕込前、右はCカーブを仕込んだ状態です。サイドラインも真っすぐになり、Cカーブも美しく固定されています。

4

プレパレーション後、プレプライマー等で爪表面の油分・水分を取り除きます。

5

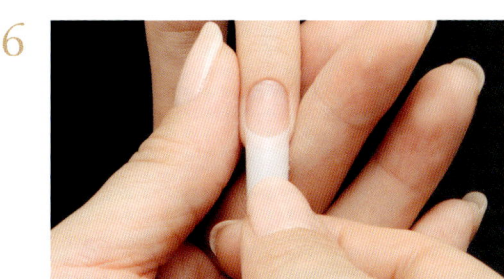

チップ裏面のコンタクトゾーンに適量のグルーを塗布し、自爪と接着します。グルーの量が多すぎると固定しにくく、皮膚に流れやすいので注意しましょう。

6

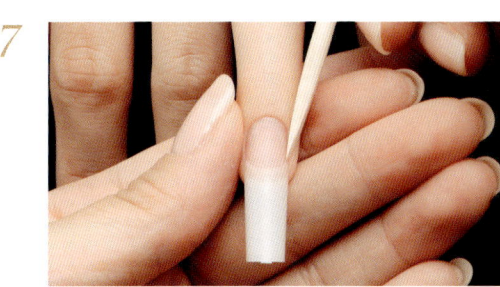

チップは気泡が入らないように、爪先に圧着させながらつけます。真上から見て指に対して真っすぐにし、またサイドラインに対しても、真っすぐな角度になるように装着します。

7

チップの装着部分に隙間があく場合は、グルーを差し込みます。グルーはウッドスティックに取って差し込むと失敗なく、適量を差し込みます。

8

ストレスポイント部分を、両親指でしっかりと押さえます。ここでチップが浮いたまま接着されないように注意します。

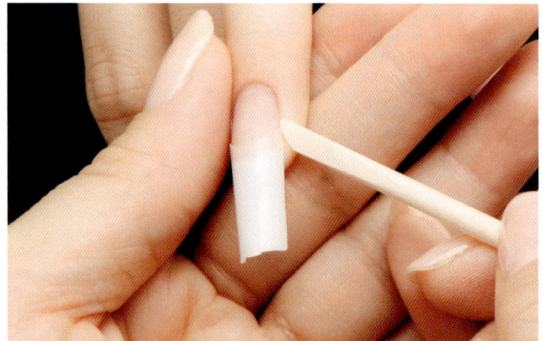

9 チップと皮膚が付いていないかを確認します。付いている場合は、リムーバーを含ませたウッドスティックでそっと離していきます。

12 サイドもストレートになるようにファイルしていきます。自爪と段差ができると、そこが欠けの原因になります。真上から見て、真っすぐにファイルします。更に、真横から見たサイドストレートも整えます。

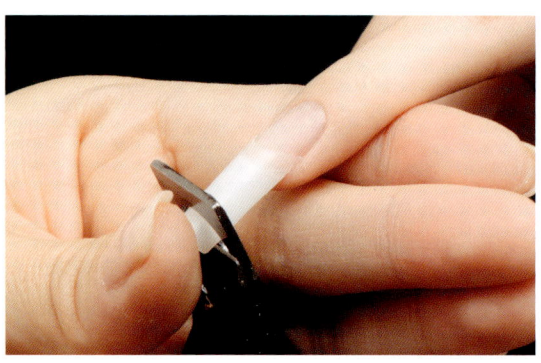

10 チップカッターで適度な長さにカットします。この時、チップが外れないようにしっかり支え、またカットしたチップが飛ばないように注意します。

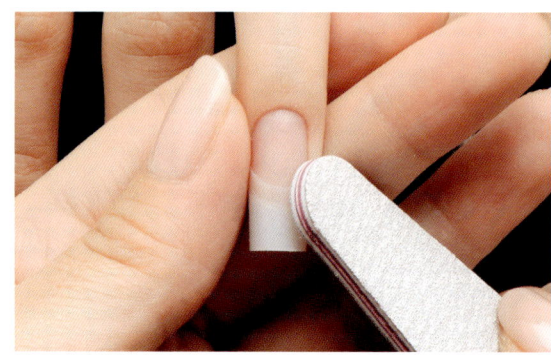

13 中目のファイルで表面の段差、余分な厚み部分をファイルします。

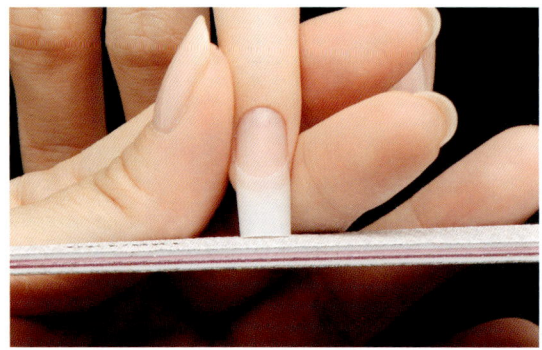

11 カットしたチップをファイルで整えます。チップをしっかりと支えて先端をファイルしていきます。

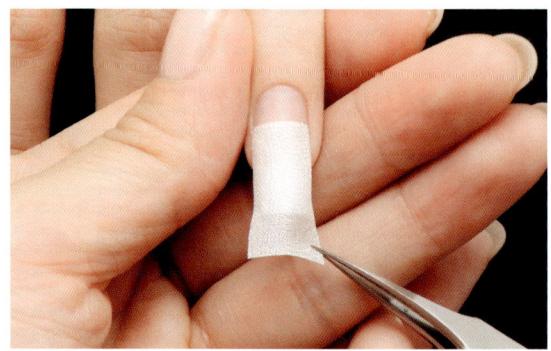

14 ダストをしっかりと取り除いた後、ラップ材を貼ります。チップラップの場合、チップの長さと幅を考え、ラップ材の先端を少し台形にカットします。ストレスポイントからカバーしていきます。

Lesson.5 *Extension*

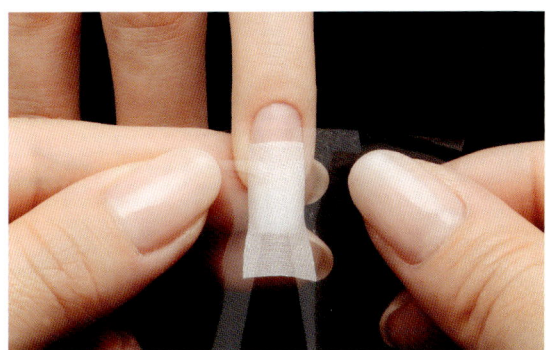

15 ビニールを使い、空気を抜くようにしっかりとラップ材を定着させます。

18 表面は艶が消える程度に、ごく軽めにファイルします。ジェルレジンをのせる前にダストをしっかりと取り除きます。ダストが残っていると、仕上がったネイル表面の透明度が落ちます。

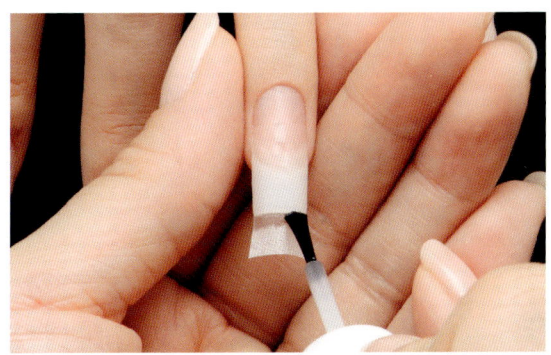

16 ブラシタイプのグルーをラップの上から染み込ませるように塗布します。指先をやや下に向けて行うとよいでしょう。

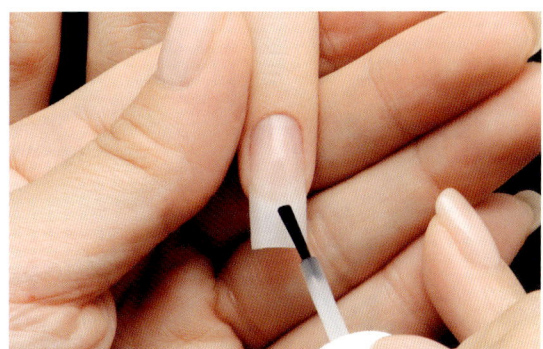

19 次に、ネイルのフォルムを整えるために、爪表面にジェルレジンをのせていきます。ここではブラシタイプを使用していますが、チューブタイプも同様に行っていきます。

17 先端の余分なラップ材を中目のファイルでカットします。表面のラップ材を傷つけないようにファイルの角度に注意します。

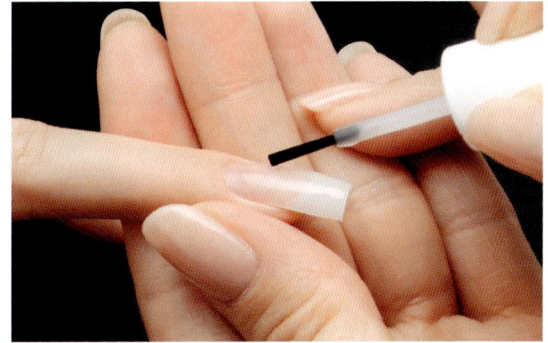

20 ジェルレジンを、形を整えながら全体に伸ばしていきます。ナチュラルなハイポイントをつくりながら、触りすぎないようにジェルレジンのセルフレベリングを利用します。チューブタイプのレジンを使用する場合は、ブラシアクティベーターで形を同様に整えます。

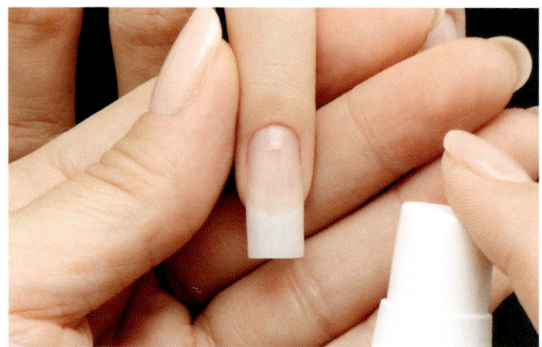

21 スプレーアクティベーターで硬化させます。近くで吹き付けると、ジェルレジンに小さな気泡ができたり、硬化熱がやや強く感じられたりしますので、爪から少し離してスプレーします。

23 先端、サイドからファイルで整え、表面を細目のファイルで軽く整えていきます。

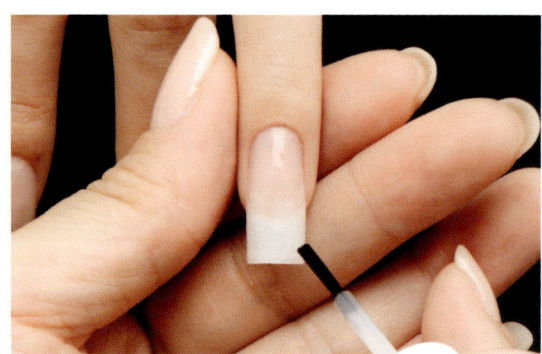

22 ダストを取り除き、表面をブラシタイプのジェルレジンでコーティングします。全体をカバーするようにコーティングしますが、キューティクルにはかからないように伸ばします。

24 スポンジ状のバフの後、仕上げのシャイナーで艶を出します。ポリッシュで保護し、キューティクルオイルを塗布します。

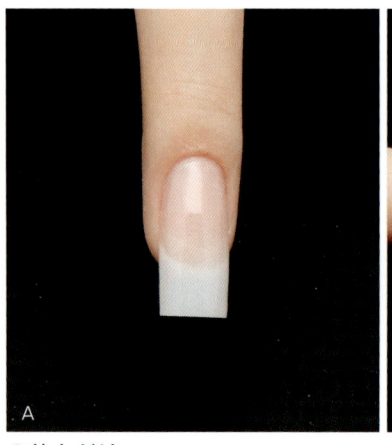

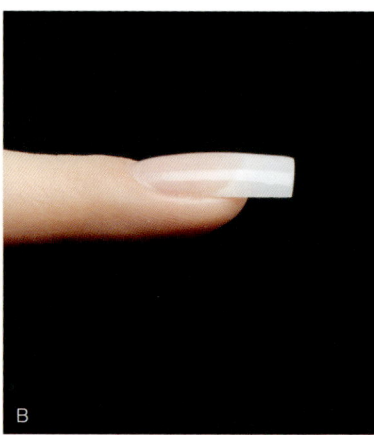

A. 左右対称、上から見たサイドストレートを確認します。キューティクル、ストレスポイント、先端の幅が同じになるよう仕上げます。

B. 横から見たサイドストレート、ナチュラルなハイポイントに注意します。

C. 均一な厚み、左右対称、内側と外側のカーブが同じになっています。

上記A・B・Cの3点は、全てのイクステンションで共通して重要なポイントとなります。

●仕上がり

Lesson.5 *Extension*

French Tip Wrap フレンチ・チップラップのテクニック

白いフレンチチップを使ってのチップラップのテクニック。

1

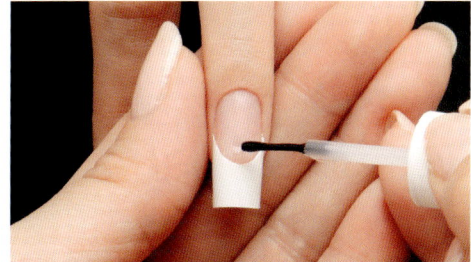

P52のプレパレーション、P53①〜P54⑩まで同様の手順で行った後、アウトラインと表面をファイルします。チップの段差は削らず、スマイルラインを傷つけないように注意しましょう。

2

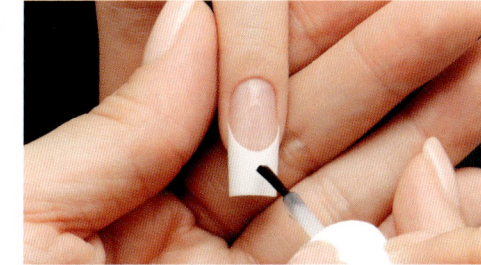

ダストをしっかり取り除いた後、最初に自爪とチップとの段差を埋めるようにジェルレジンを塗布します。美しいスマイルラインをつくるために、ここも重要なポイントです。

3

次に、爪表面にジェルレジンをのせていきます。全体に伸ばし、ナチュラルなハイポイントをつくりながら、触りすぎないようにジェルレジンのセルフレベリングを利用します。

4

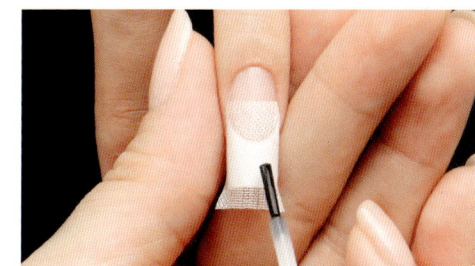

スプレーアクティベーターで硬化させます。ここでも基本のチップラップ同様、近くで吹きつけると、ジェルレジンに小さな気泡ができたり、硬化熱がやや強く感じられたりしますので、爪から少し離してスプレーします。

5

先端、サイド、全体のフォルムを細目のファイルまで整えラップ材（ファイバー）を貼ります。ブラシタイプのグルーをラップの上から染み込ませるように塗布します。

6

爪の先端のラップ材を中目のファイルでカットします。表面はメッシュの目が消える程度に、ごく軽めにファイルします。ダストをしっかり取り除きジェルレジンを2コート塗布します。

7

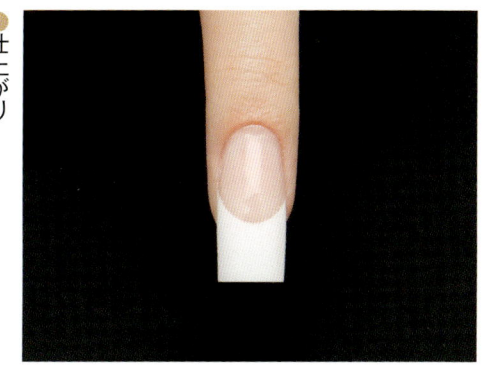

スポンジ状のバフの後、仕上げのシャイナーで艶を出します。ポリッシュで保護し、キューティクルオイルを塗布します。

● 仕上がり

ミクスチュアのテクニックポイント

チップオーバーレイ、スカルプチュアで使うミクスチュアのテクニックのポイントです。

基本のミクスチュア（ボール）ののせ方

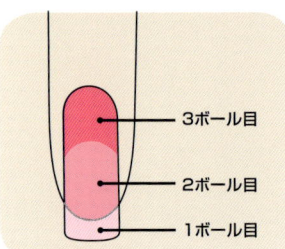

最初はフリーエッジ部分から1ボール目、2ボール目、キューティクル側へ3ボール目とのせていきます。また、爪先に1ボール目、キューティクル際に2ボール目、最後に中央部分のハイポイントをつなげながらつくる方法もあります。

ブラシテクニック

ブラシに適量のアクリルリキッドを含ませ、アクリルパウダーを取ります。お客様の爪の幅、長さによって必要なミクスチュアの大きさは変わります。技術者はどの程度のアクリルリキッドを含ませれば、どのくらいのアクリルパウダーを取ることができるかを把握する必要があります。また、メーカーにより混合比率が異なります。

リフティングエリア

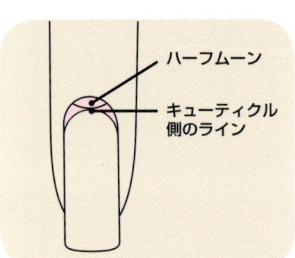

力が加わり、爪自体に水分が多く含まれてリフトしやすい部分です。

ペーパーフォームで練習

ペーパーフォームの上で、1ボール目のミクスチュアの形を整えるトレーニングをします。平面で形がつくれるようになったら、モデルハンドや指の太さの木の棒やCカーブ用スティックなどを利用して立体的なレッスンをしてください。

ブラシのあて方

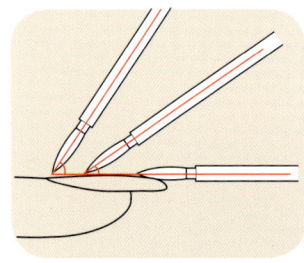

1ボール目、2ボール目は筆中央近くのハラの部分を使い、均一におさめていきます。特に1ボール目は、フォームと平行に筆を使います。キューティクル際は筆先でおさめていきます。

フリーエッジの練習

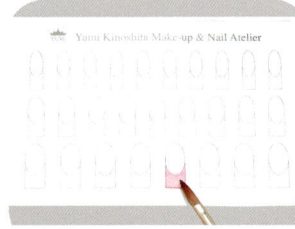

このような専用練習シートを使い、フリーエッジ部分の練習をすると良いでしょう。使用するメーカーを変えたときなど、何回か平面トレーニングを行うと、感じがつかめます。

ブラシのメンテナンス

▲ 正しい状態

アクリルパウダーを取り、ミクスチュアの表面がなめらかになった状態で爪にのせていきます。周りがやややドライな状態で爪上にのせるメーカーもありますが、爪上でなじみます。

▲ ドライな状態

アクリルリキッドが少なく、まわりが粉っぽくなっています。いくら時間が経っても、アクリルリキッドが少ないのでドライのままです。自爪との接着力が落ち、リフトしやすくなります。

▲ ウェットな状態

アクリルリキッドが多すぎると、ミクスチュアが筆から垂れ下がってしまいます。アクリルパウダーが沈降して均一でなくなるため、片寄った収縮が起こり、強度が弱まります。

Lesson.5 *Extension*

✻ *Tip Overlay* チップオーバーレイのテクニック
チップをミクスチュアでカバーし、補強する付け爪技術

1
手指消毒の後、プレパレーションを行います。先端のファイル、キューティクルの下処理、サンディングなどをします。プレプライマー等で爪表面の油分、水分を取り除きます。（P52参照）

2
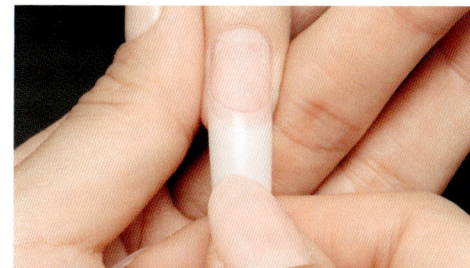
チップのサイズを合わせて装着します。装着後、チップの長さをカットし、先端、サイドストレート、段差をなじませるファイルをしていきます。（P53①〜P54⑬参照）

3

ダストをしっかり取り除いた後、プライマーを自爪の部分にのみ塗布します。

4

1ボール目を取り、フリーエッジ部分からつくっていきます。チップの厚みがあることを考え、筆に取るミクスチュアの大きさに注意しましょう。筆のハラでしっかりと押さえ、厚みを均一にします。ストレスポイント付近はすでにチップが付いているので、厚みが出ないように注意します。また、チップの裏側にミクスチュアがまわらないように気をつけます。

5

2ボール目をのせていきます。爪の長さ（ネイルベットの長さ）によっては2ボールでつくれてしまうお客様もいます。上手に配分していきましょう。

6

3ボール目をキューティクル際に置きます。キューティクル際は筆先を使い、しっかりとおさめていきます。

7

筆のハラを使い、フリーエッジとベット部分をつなげるように整えます。

8
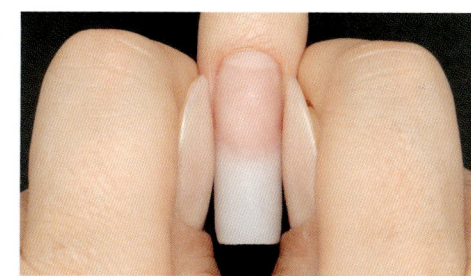
ミクスチュアがのせ終わったら、硬化のタイミングでピンチを入れます。正面から見た形状が真っすぐになるように、ストレスポイント付近を両側からピンチします。

9

粗目のファイルで爪の先端の長さ、アウトラインを整えます。ストレスポイント付近を両側からしっかりと固定するように支えてファイルします。

10

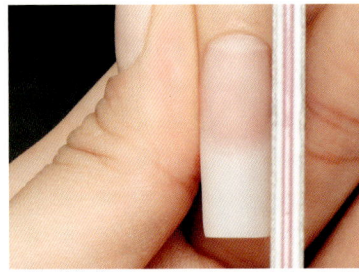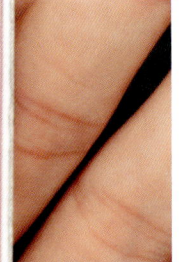

正面から見て、側面が真っすぐ見えるように整えます。お客様の皮膚にファイルがあたらないように、またファイルを安定させるようにして、しっかりとスキンダウンをしてファイルをしていきます。

11

横から見て、サイドラインに沿って真っすぐになるように整えます。このときもしっかりとスキンダウンをして、目線をサイドにもっていくことがポイントです。ストレスポイントを傷つけないように注意します。

12

中目のファイルに替えて、キューティクルラインからサイドへのファイルをしていきます。直線的にファイルせず、カーブを描くように立体的なファイルをします。

13

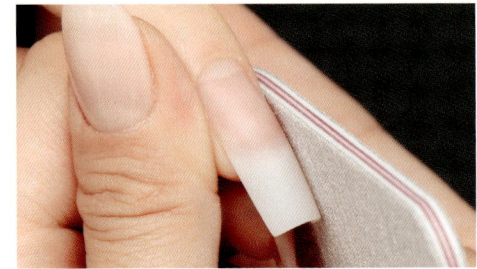

もう片側も同様に、左右対称に整えていきます。サイドラインまでファイルがあたるように、スキンダウンすることが重要です。

14

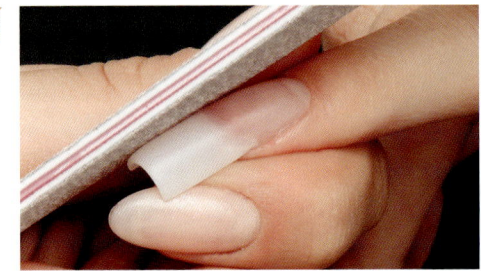

両サイドから中央へと合わせるように、左右対称につなげていきます。お客様の爪まわりの皮膚を痛めないように、技術者の指でファイルを支えながら、サポートしていきます。

15

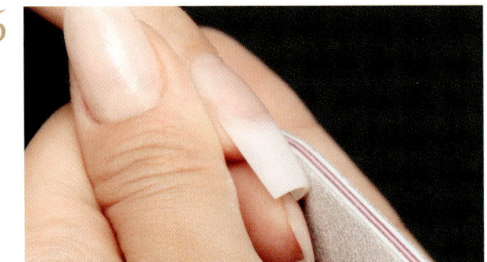

先端の厚みを均一になるよう整えていきます。

16

爪先側から厚みを確認しましょう。その後、ハイポイントを意識しながら、全体をつなげていき、最終のフォルムをチェックしていきます。

Lesson.5 *Extension*

17
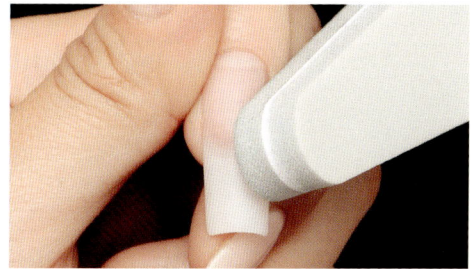
スポンジ状のバフで表面の小さな凹凸やスクラッチを、整えます。

18
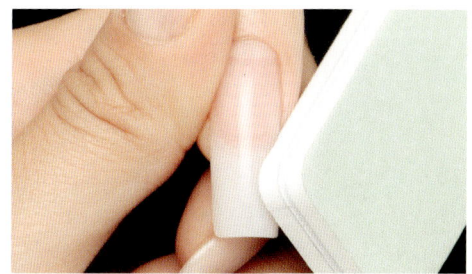
更に仕上げのシャイナーで艶を出します。

● 仕上がり

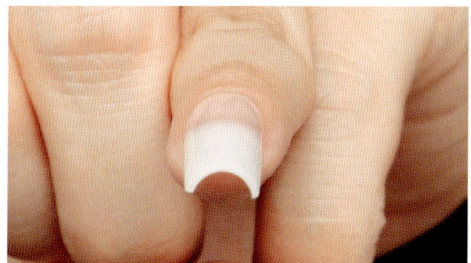
先端から見たCカーブの均一な厚み、左右対称、内側と外側のカーブを同じに仕上げます。

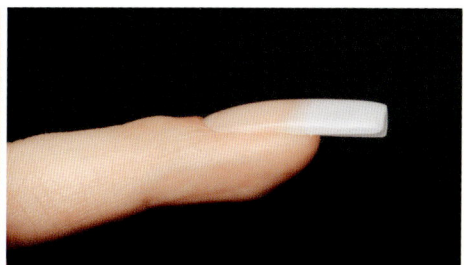
サイドがストレート、ナチュラルなハイポイントの位置とフォルムを注意します。

スカルプチュアネイルのテクニックポイント

スカルプチュアネイルの形を決定するとても大切なプロセス "フォームの装着" のテクニックのポイントです。

フォームの装着

1 爪のカーブに合わせて、あらかじめカーブをつけておきます。

4 自爪と隙間があかないように、また、爪先がダウンしないように角度を調節します。このとき、自爪のカーブに合わせて丸みをつけるようにはめます。

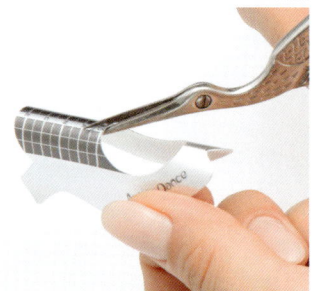

2 自爪のイエローラインに合わせて、左右対称にフォームをシザーでカットします。

●**仕上がり**

A. 横から見た図：角度はサイドラインに真っすぐになるようにします。

B. 上から見た図：指の幅ではなく、爪の幅で、真っすぐ装着します。

C. 正面から見た図：左右対称なカーブを描くようにします。

3 フォームを装着します。ストレスポイントにはめ込みます。フォームには目盛りがついていますので、センターにきちんと合わせます。

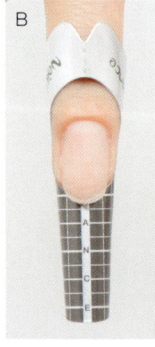

ブラシのメンテナンス

1 ミクスチュアをいつまでも触りすぎないようにしましょう。表面の厚みが均一にならないばかりか、筆の中にミクスチュアが入り込んで汚れてしまいます。

2 ブラシをブラシクリーナーで洗いすぎるのも良くありません。かえって、筆先が広がってしまい、まとまりがなくなります。

Lesson.5 *Extension*

Sculpture NAIL スカルプチュアネイルのテクニック
"彫刻"という意味を持つ付け爪の技術、長さ形を自爪のようにつくることができる

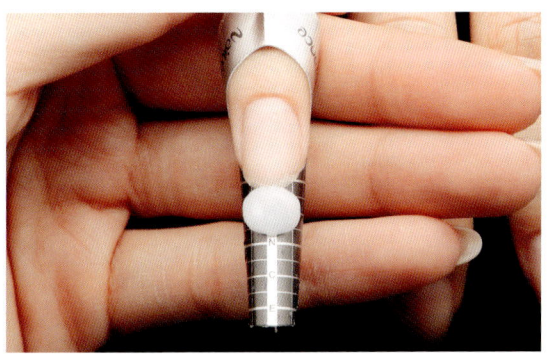

1　プレパレーション（P52参照）、フォーム装着の後、1ボール目を取り、フリーエッジ手前の中央に置きます。

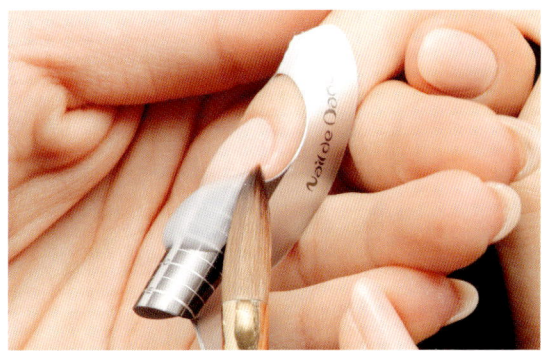

4　ストレスポイントまでミクスチュアを運びます。

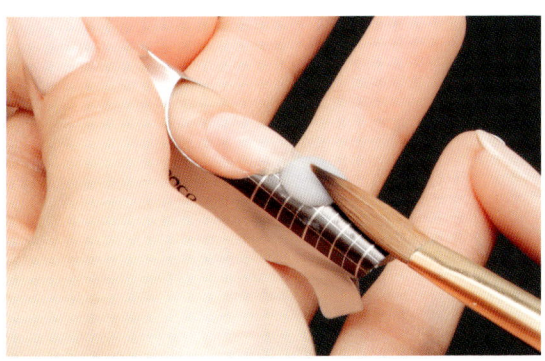

2　ミクスチュアがセルフレベリングした後、筆の腹で均一の厚みを保ちながら形づくっていきます。

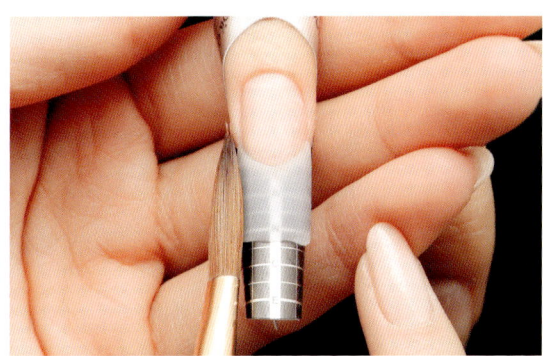

5　もう片側も同様に運びます。

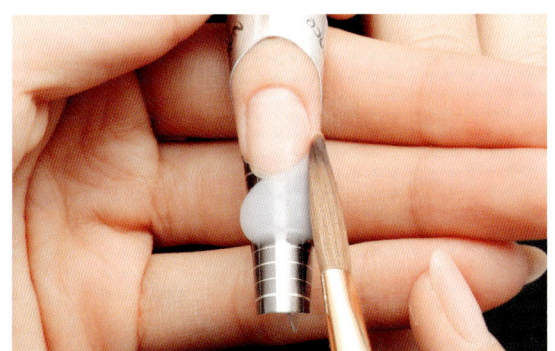

3　ボールの半分を片側に広げていきます。フォームに対してブラシを平行にあて、筆のハラを使いミクスチュアを運びます。

6　サイドストレートは筆の側面を利用します。

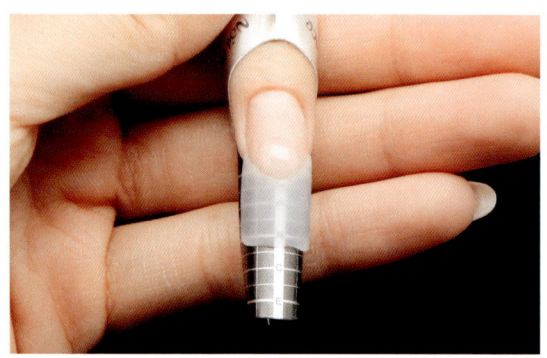

7　表面に凹凸がなく、サイドの幅が爪の幅で仕上がるように1ボール目をつくり、2ボール目をベット部分にのせていきます。

10　3ボール目をキューティクル際におさめていきます。キューティクル際に置き、2ボール目につなげていきます。キューティクルの上には絶対にのせないようにしましょう。円の中の写真は、分かりやすく3ボール目のおさめた部分を白いミクスチュアでつくっています。

8　2ボール目は、フリーエッジとベット部分をつなげるように、自然なふくらみを保ちながら、つぶしすぎないようにします。

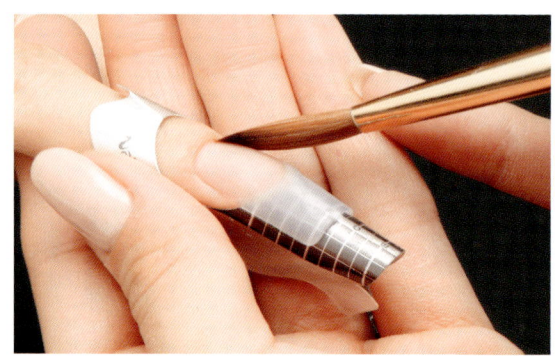

11　キューティクル際は筆先を使い、しっかりとおさめていきます。耐久性を左右する大切な部分です。薄くなりすぎや、厚くなりすぎで段差ができたり、濃度が不適切だとリフトの原因となるので注意しましょう。

9　サイドまでしっかりミクスチュアで覆っているか、自然なつながりか、確認します。

12　表面に凹凸がなく段差が残らないように表面をつなげます。

Lesson.5 *Extension*

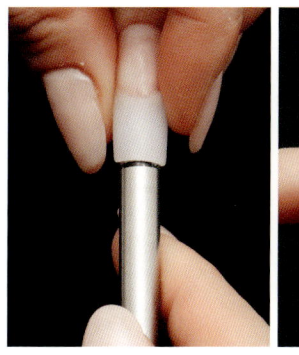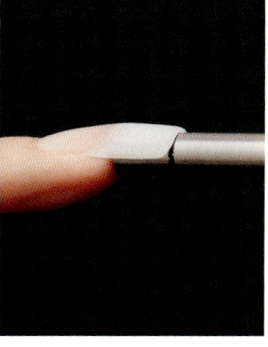

13 硬化のタイミングを見てCカーブ用スティックでフリーエッジの内側の丸みを整えます。またスティックの角度はサイドラインに平行に添えます。

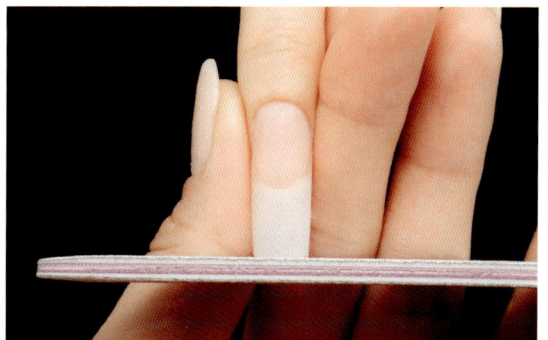

16 粗目のファイルで爪の先端の長さ、アウトラインを整えます。ストレスポイント付近を両側からしっかりと固定するように支えてファイルします。

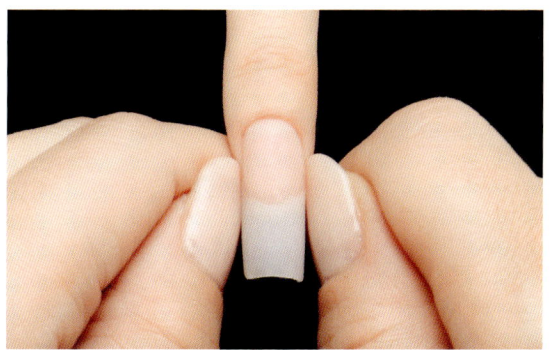

14 ピンチを入れます。正面から見た形状が真っすぐになるように、ストレスポイント付近を両側から押さえます。

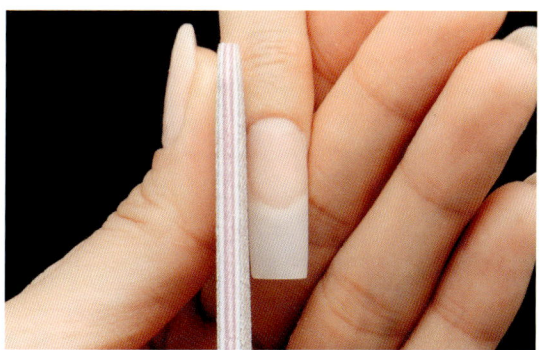

17 正面から見て側面が真っすぐに見えるように整えます。お客様の皮膚にファイルがあたらないように、またファイルを安定させるように、しっかりとスキンダウンをしてファイルをしていきます。

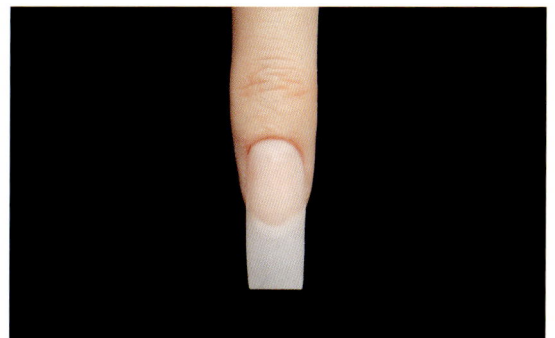

15 キューティクル、ストレスポイント、先端の幅が同じになるよう仕上げます。

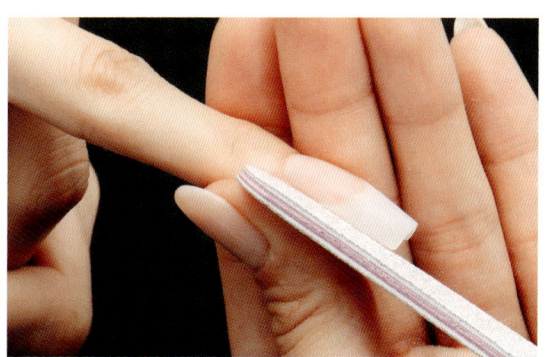

18 横から見て、サイドラインに沿って真っすぐになるように整えます。このときもしっかりとスキンダウンをして、目線をサイドにもっていくことがポイントです。ストレスポイントを傷つけないように注意します。

65

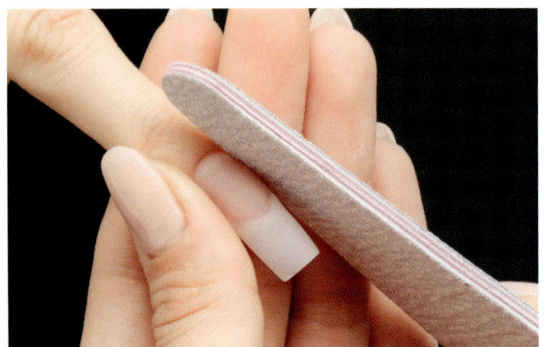

19 中目のファイルに替えて表面を整えていきます。

● 仕上がり

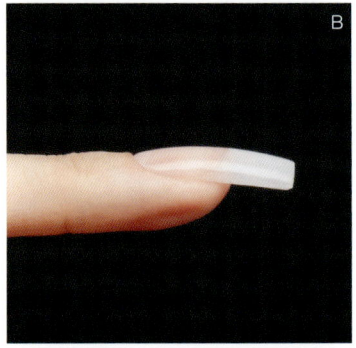

A

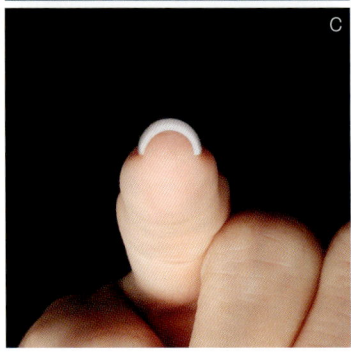

B

C

A. 左右対称、上から見たサイドストレートを確認します。キューティクル、ストレスポイント、先端の幅が同じになるよう仕上げます。

B. 横から見たサイドストレート、ナチュラルなハイポイントに注意します。

C. 均一な厚み、左右対称、内側と外側のカーブが同じになっています。

上記A・B・Cの3点は、全てのイクステンションで共通して重要なポイントとなります。

Lesson.5 *Extension*

✺ *French NAIL* フレンチ・スカルプチュアネイルのテクニック

フリーエッジを白く、ネイルベッドをナチュラルなカラーに仕上げる、スカルプチュアネイルの上級技術

1 これは、スマイルライン部分の断面図を指側から見た図です。筆先でスマイルラインを掘り込むように整えた状態です。掘り込むことで2ボール目のミクスチュアが中に入り込み、影ができるので、スマイルラインがよりはっきりとしてきます。

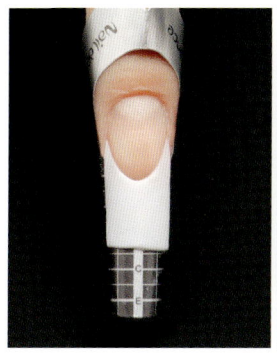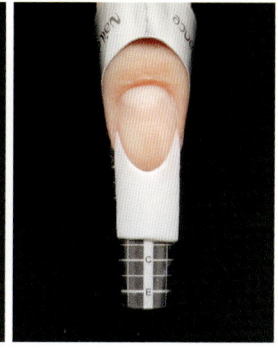

4 1ボール目をのせた後、ストレスポイント部分に小さなミクスチュアを足していきます。中央からストレスポイントまで自然なラインでつながるようにします。左が足す前、右が足した後です。

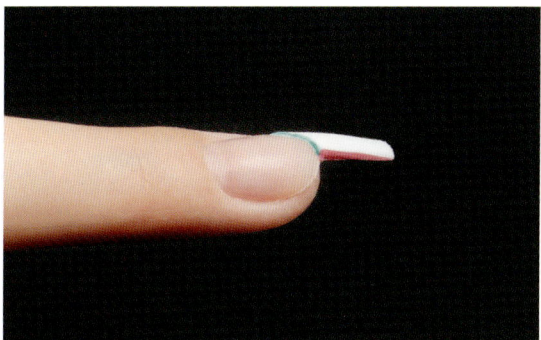

2 側面から見た図です。分かりやすいようにフリーエッジ部分を中央でカットした形です。赤と青が厚み部分です。

●仕上がり

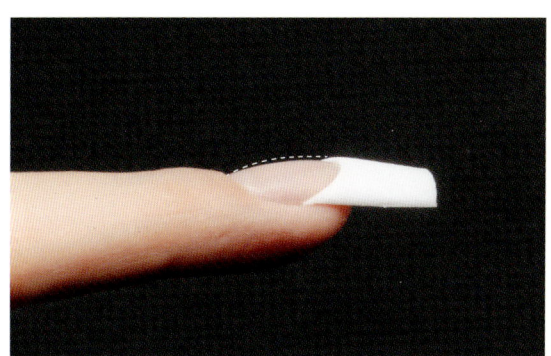

3 フリーエッジ部分のみを側面から見た写真です。スマイルラインは掘り込まれており、中央からストレスポイントまで自然にラインがつながっています。

Maintenance スカルプチュアネイルのメンテナンス

2週間に1度はメンテナンスが必要です。リフトや割れ等のトラブルがある場合は、オフし、新しく装着しましょう。

1
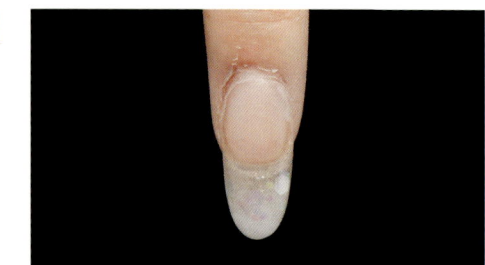
メンテナンス前の状態です。自爪が伸びた分、キューティクルラインに隙間があき、フォルムのバランスがとれていません。

5

自爪とスカルプチュアの段差とリフト部分を取り除いていきます。ファイル、もしくはマシンで行ないます。自爪部分もサンディングします。

2

プレパレーションと同様に（P52参照）、アルコールでウェットにしながら、伸びてきたルースキューティクル、キューティクルを押し上げ、ささくれ等ニッパーで処理します。

6

爪が伸びた分だけハイポイントの位置が変わってくるので、削り落としていきます。この時、先端の厚みもチェックします。

3

先端の長さを中目のファイルで整えます。

7

キューティクルラインにミクスチュアをのせて、全体のフォルムを整え、ファイルをして仕上げます。

4

自爪が伸びた分だけ爪がダウンするので、ストレートになるようにサイドを削ります。

●仕上がり

ホログラムのデザインをスマイルラインに施して、仕上げています。

Lesson.5 *Extension*

✺ *Sculpture NAIL Off*　スカルプチュアネイルのオフ

溶剤を使いオフします。自爪を傷つけず行うことが大切です。

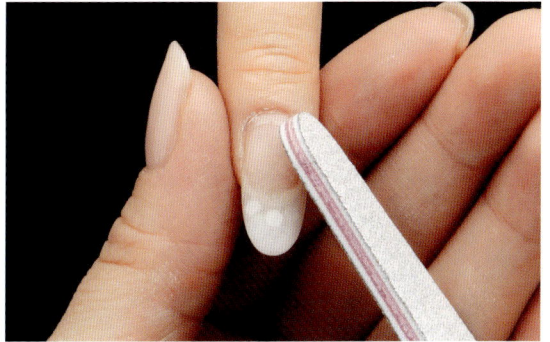

1　粗目のファイルでスカルプチュアネイルの表面を傷つけ、溶剤を浸透しやすくします。（マシーンでスピードアップ可）

4　数分後、ウッドスティックを使い、表面上の溶けたミクスチュアを取り除きます。自爪を傷つけないように、そっと行いましょう。

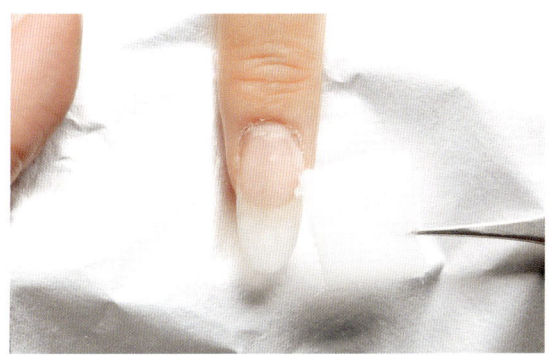

2　オフしたいスカルプチュアネイルのサイズにコットンを準備し、溶剤をコットンに少量含ませ、ホイルを準備します。

5　ウッドスティックで取りきれない細かい部分は、細目のファイルで整えていきます。自爪を傷つけないように注意して下さい。

3　溶剤を含ませたコットンを爪にのせ、ホイルでくるみます。溶剤は揮発性で、温かい方が膨潤させやすいのでホイルでくるむことで揮発を防ぎ、保温します。また、溶剤は皮膚を乾燥させやすいので、ツィザーを使用し、お客様の皮膚に付かないように注意しましょう。

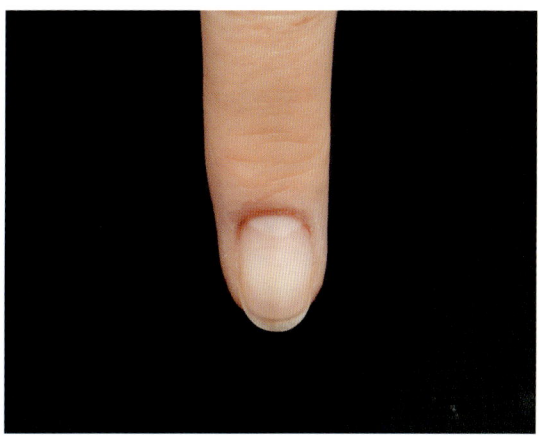

●仕上がり

✦ *Sculpture NAIL* スカルプチュアネイルの補い爪

もともとスカルプチュアネイルは、折れた1本の爪を直すことからスタートしました。折れた爪を自爪のようにつくる技術です。

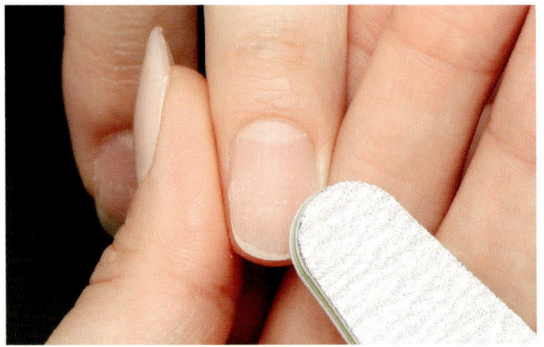

1 手指消毒の後、プレパレーションを行います（P52参照）。先端のファイルをし、サンディングします。

4 自爪と自然なアーチでつながるようにフォルムを整えます。

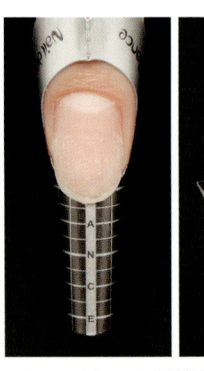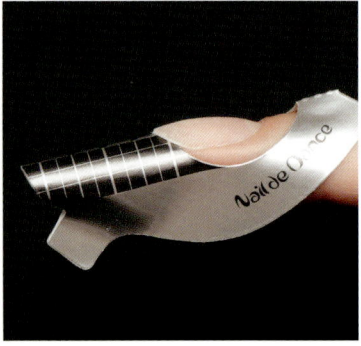

2 フォームを装着します。通常のスカルプチュアネイルのときより先端を少しタイトにします。サイドの角度は、自爪が伸びてきたときと同じにします。

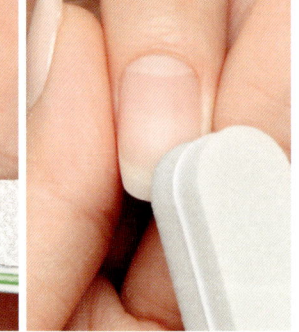

5 アウトライン、表面を整えます。表面は自爪部分を削らないようにファイルの角度に気を付けながら整え、スポンジ状のバフの後、仕上げのシャイナーで艶を出します。

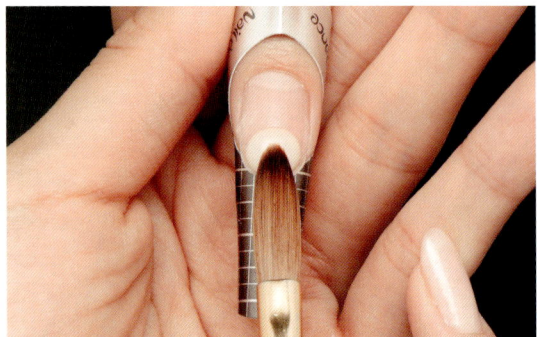

3 ストレスポイントを覆う位置にミクスチュアをのせ、ネイルベッドになじませます。使用するパウダーのカラーは、自爪に近いナチュラルなカラーを選びます。

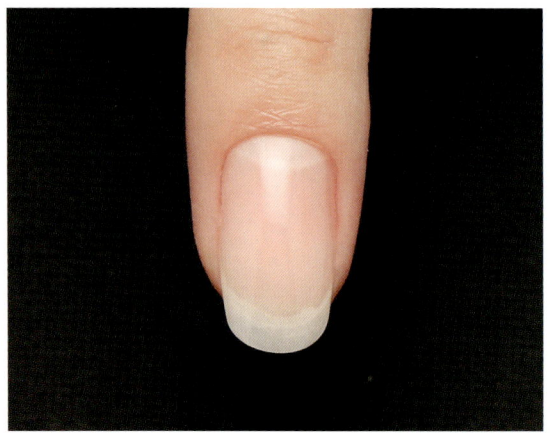

●仕上がり

Lesson 6

Gel NAIL for advanced
ジェルネイルの応用技術

ジェルで行うイクステンション技術

Tool of Gel
ジェルネイル上級編で使用する用具用材

Lesson.6 *Gel NAIL for Advanced*

Chemical Study of Gel
ジェルネイル上級編の化学

ジェルを使ってイクステンションを行います。アクリルのスカルプチュアネイルテクニックをマスターし、美しいフォルムを掴んだ後は、ジェルでのイクステンションもマスターしましょう。

▲ カラージェル

ポリッシュのように色が付いたジェルです。ジェルで行うデザインスカルプチュア、エンボスアート、3Dアート等、様々なテクニックでも使用します。

▲ ベーシックジェル

スカルプチュアネイル同様に、各メーカーによって硬さが異なる基本のジェルがあります。硬さによって、イクステンションの長さを調整することが必要です。長さを出すためには、硬度の高いハードジェルを使うことが多くあります。

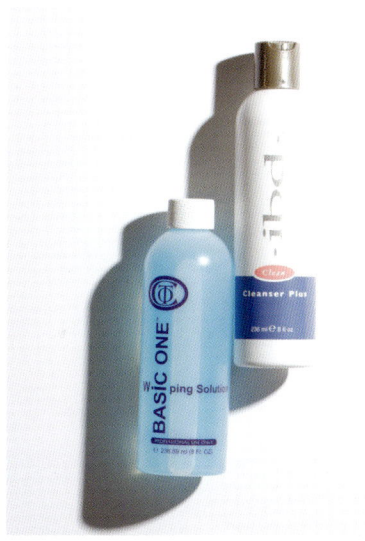

▲ クレンザー

ジェルをライトに当てて、硬化後に表面に残る未硬化のジェルを拭き取るものです。

▲ ジェル用パウダー&ラメ、ホロ等

各メーカーによって、ジェルにパウダーをミックスさせ、強度を増したり、質感や色味の変化を楽しむことができます。混ぜることによりアートバリエーションも広がります。

Preparation
ジェルネイル上級編の概要

ジェルネイルの上級テクニックとして、イクステンションのチップオーバーレイ、スカルプチュアネイル、アートがあります。サロンの環境的に臭気が気になる場所では、ジェルネイルがイクステンション技術として利用できます。

ハードジェルを使用することにより、強度があり長さもあるイクステンションをつくることができ、またソフトジェルを使用することにより、自爪のようなとても自然で柔軟性があり、違和感のないイクステンションも再現できます。

アートは、ジェルネイルの特徴を活かし容易にグラデーションや柔らかいデザインを再現できます。また、3Dアートがつくれる粘度の高いものもあります。

◎下準備：プレパレーション

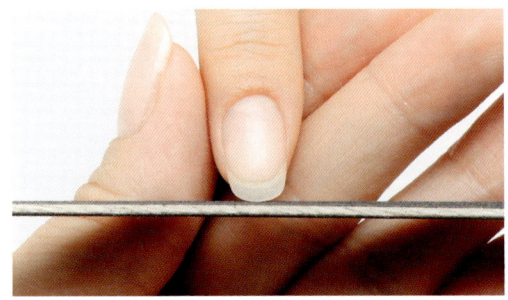

1　手指消毒の後、エメリーボードで爪先端の長さと形を整えます。爪先は、イエローラインに沿って短くします。

4　中目のファイルで爪表面をサンディングします。特に際はリフトしやすいので、念入りに行いましょう。

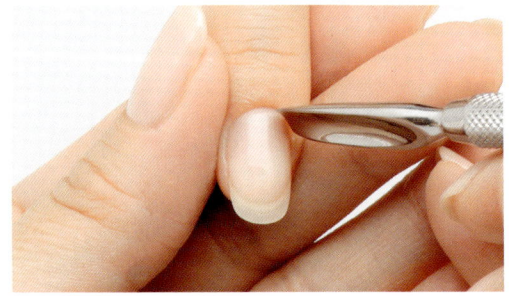

2　キューティクルの下処理を行ないます。アルコールを付けながらメタルプッシャーで爪表面上のルースキューティクル、キューティクルをプッシュアップします。

5　ダストブラシで、コーナー部分までしっかりとダストを除去します。

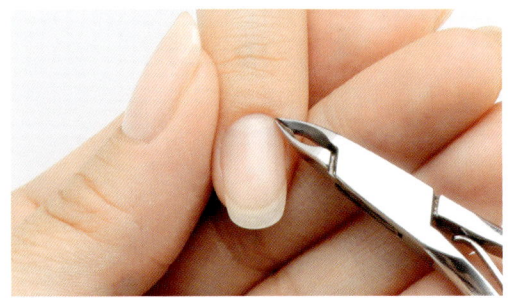

3　ルースキューティクルをメタルプッシャーでかき出し、ニッパーでキューティクルを整えます。

6　爪先端を含め、全体的に油分・水分の除去をします。

Lesson.6 Gel NAIL for Advanced

Tip Overlay 上級編：ジェルネイル・チップオーバーレイのテクニック

チップを使って長さを出すジェルネイルの技術。

1

チップを装着し、ファイルで整えます。ジェルの場合、ピンチが入りにくいため、チップのCカーブをしっかり仕込んでおくとよいでしょう。(P53参照)

2
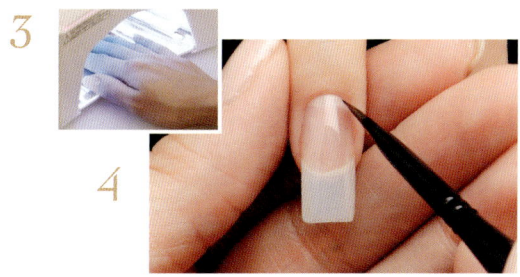
1コート目を塗布します。自爪のオーバーレイと同様、キューティクル際よりやや手前から塗布していきます。チップと自爪との段差を埋めるように塗布します。

3
4
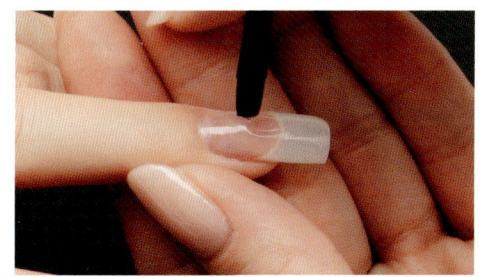
③ライトに数秒当て、セルフレベリングの動きを止めます。
④2コート目を塗布します。キューティクル際からチップ先端まで塗布します。

5
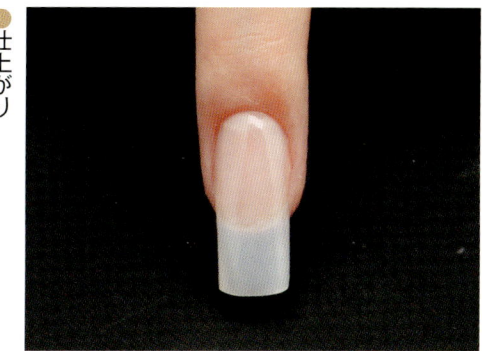
ハイポイントをつくります。筆を上下に動かし、ジェルを移動します。高さを出したい部分は、筆でジェルを持ち上げるようにしてハイポイントをつくります。

6
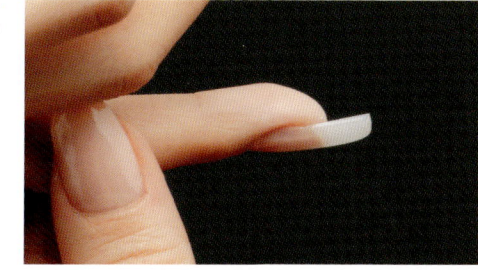
形状を整えます。ジェルのセルフレベリングを利用し、表面の自然な丸みを出します。指を裏向きにすると、ジェルがサイドに移動せず、中心に丸みをつくることができます。

7
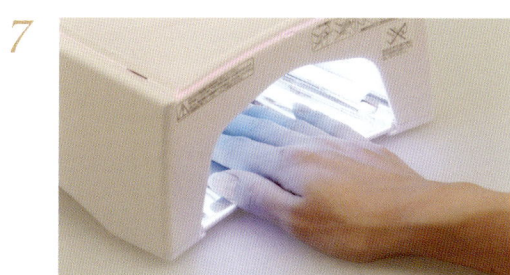
ライトに当てて完全硬化させます。完全硬化までの時間は、各メーカーによって異なりますので、時間は必ず守りましょう。変化、変色、縮みの原因となります。

8
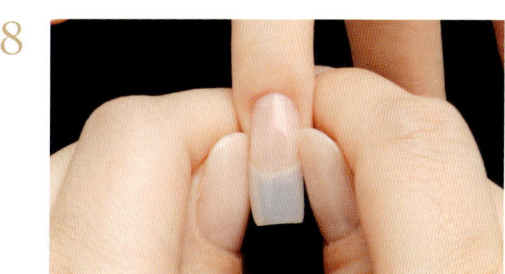
ピンチを入れます。必要であれば、1分以上の時点でピンチを入れます。ジェルはライトに当てながらピンチを入れていくと効果的です。

● 仕上がり

Gel Sculpture 上級編：ジェルネイル・スカルプチュアのテクニック

透明感のあるジェルならではのスカルプチュアネイルテクニック。

1
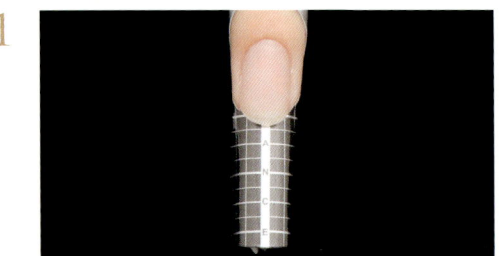
プレパレーション後（P74参照）フォームを装着します。ジェルの場合、ピンチが入りにくいため、少し細めにフォームを装着するとよいでしょう。

2

1コート目で土台をつくります。キューティクル際より手前から塗布していきます。次に、サイドストレートを確認しながら先端をつくります。フォームを外すときに先端が切れてしまうことを防ぐため、自爪との段差部分をなくすようにのせます。

3

ライトを数秒当て硬化させた後、サイド部分のジェルとフォームの間にスティック等を入れ込み、フォームを外していきます。フォームを外した後、アウトラインの余分なジェルはニッパー等でカットします。

4

2コート目を塗布します。キューティクル際から先端まで塗布します。

5

ハイポイントをつくります。筆を上下（キューティクルから爪先）に動かし、ジェルを移動します。高さを出したい部分は、筆でジェルを爪表面から持ち上げるようにしてハイポイントをつくります。

6

形状を整えます。ジェルのセルフレベリングを利用し、表面の自然な丸みを出します。指を裏向きにすると、ジェルがサイドに移動せず中心に丸みをつくることができます。ライトに当てて完全硬化させます。

7

ピンチを入れます。必要であれば、硬化1分以上の時点でピンチを入れます。ジェルはライトに当てながらピンチを入れるのが効果的です。ジェルスカルプチュアの場合、裏面も拭き取りをします。

● 仕上がり

Lesson.6 *Gel NAIL for Advanced*

French ジェルネイル・フレンチのテクニック

ジェルを使ってのフレンチテクニック。ジェルの特性を理解することで完成度が上げられます。

1　クリアスカルプチュアと同様、土台をつくります。(P76参照)

4　筆を使用し、スマイルラインをワイプして整えます。ライトに当てて硬化させます。

2　ベースのカラージェルを塗布しライトに当てて硬化させます。必要に応じて2回塗布します。

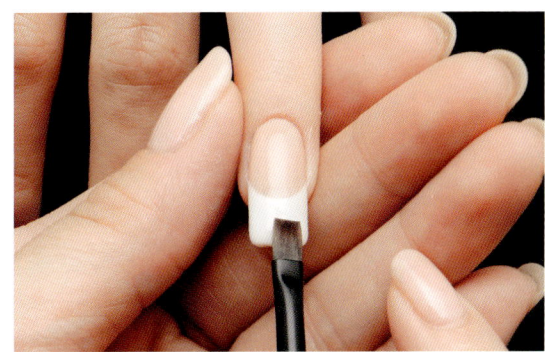

5　全体にクリアジェルを塗布し、ハイポイントをつくります。再度ライトに当てて完全硬化させ、拭き取りをします。サイドからのチェックで表面のスムースさをつくります。

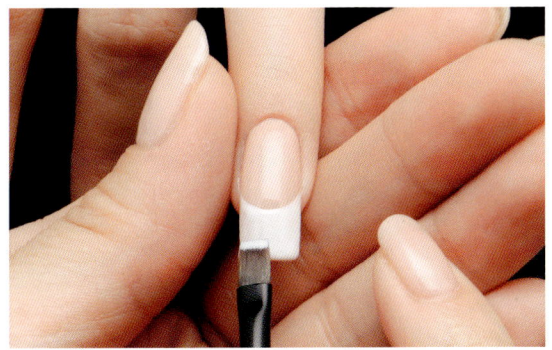

3　先端のフレンチ部分のホワイトをのせます。ホワイトもベースのカラージェル同様、求める発色によって2回塗布します。

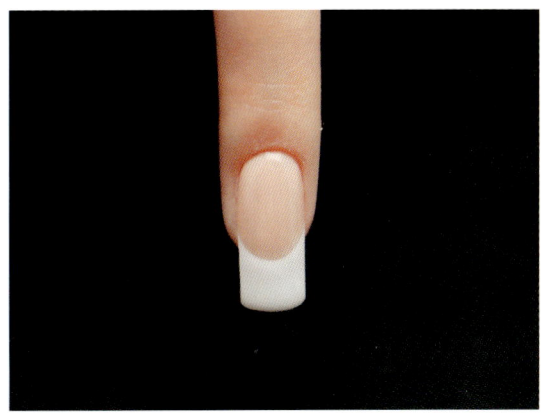

●仕上がり

❋ *Flower Art* ジェルネイル・フラワーアートのテクニック

ジェルの特性を知り、ジェルを操ることで、他の素材ではできないアートをつくり上げます。

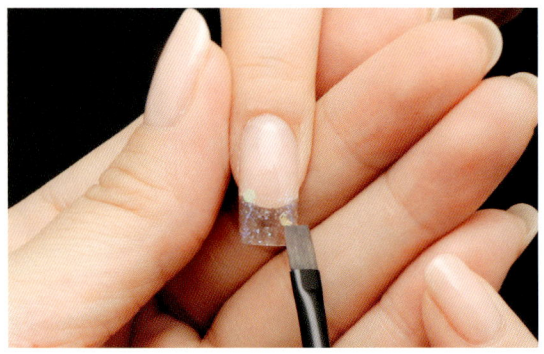

1 クリアスカルプチュアと同様、土台をつくり先端にラメとホログラムを塗布します。

4 全体にクリアジェルを塗布し、ハイポイントをつくります。再度ライトに当てて完全硬化させ、拭き取りをします。

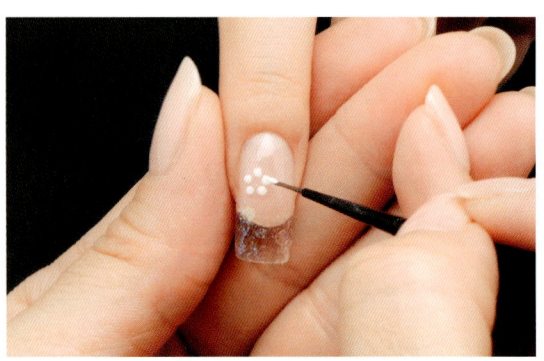

2 薄くクリアジェルを塗布し、カラージェルをバランス良く等間隔でドット状に置いていきます。量が多くならないように注意しましょう。

●仕上がり

3 お花の中心にカラージェルをドット状に置きます。ここで一度ライトに当てて模様を固定させます。

●フラワーアートのバリエーション

Color of NAIL Art
スキンカラーとのコンビネーション

●YR系

　カラーポリッシュや、カラージェルの選択は、絵画の世界の色彩学とは少し異なる視点で見極める必要があります。人の肌の色に映える色彩を選ぶ必要があります。

　アジア人の肌の色は、西洋人と比べてトーンがやや暗く、黄味が強い色をしています。

　これはいわゆる黄赤系（YR系）に属するカラーです。これを大きく黄（Y系）と赤（R系）の2つに分け、その中でライト系、ダーク系に分けて考えると、カラーがとても選びやすくなります。美しい指先を仕上げる重要なポイントとなります。

スキンカラー

Light Yellow

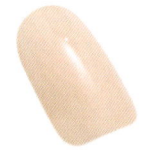

Y系のライトは、黄味がかった肌で色白の人です。イメージとしては、フレッシュで若々しいイメージです。青味の入らないカラーが、透明感のある美しい手の色に見せます。

Dark Yellow

Y系のダークは、黄味がかった肌で色黒の人。イメージは温かみと深みがあります。やわらかなパール感やニュアンスのあるカラーが、手元を優しく見せます。

Light Red

R系のライトは、赤味がかった肌で色白の人。優しくて穏やかなイメージです。明度の高いカラーや透明感のあるカラーがトライできます。

Dark Red

R系のダークは、赤味がかった肌で色黒の人。強くシャープでメリハリがあります。ダークではっきりしたカラーが映える肌色です。

Colors
ネイルカラーとデザイン特性

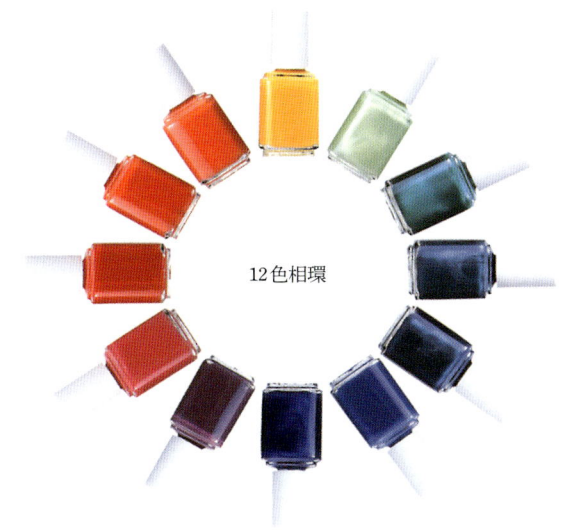

12色相環

★カラー

色とは何でしょうか？ 色のとらえ方としては、3本柱のベースがあります。明るさで表現する『明度』、鮮やかさで見る『彩度』、何色かをいう『色味（色相）』です。
　それぞれを順番に美しく並べたものを色のグラデーションといいます。ネイルアートでは、このグラデーションはとても大切です。まず『色味』を理解するために「12色相環」を見ます。12色相環は光の屈折によってできる虹と同様に、12の色味を環状に並べたものです。この輪の隣同士の色は似た色味で落ち着きがあり、安心感のある配色です。逆に補色（反対側）同士ならインパクトのある配色となり、躍動的なイメージになります。

★平面構成

　カラーやデッサンで学んだ、物の見方と配色力で、レイアウトする力を養っていきます。小さな爪というキャンパスの上で、どうしたら美しく見えるのでしょう。下にある「デザインの配置列」で、具体的な5つのデザインとフレンチラインのイメージを参考にしましょう。
　ファイルでつくったカットスタイルのイメージと、更にデザイン配置で構成していきましょう。

★デッサン

　ネイルテクニックで一番必要なのが、このデッサン力です。光と陰を追いかけていく力をつけ、物を輪郭だけで見ずに立体的なフォルムで見るようにします。デッサン力はトレーニングで上手になります。ひとつの物に対して、どこから光が当たり、どこが一番明るく（高く）、どこが暗いのか（くぼんでいるなど）を見ていくことで、デッサン力が向上していきます。こうした見方ができるようになって、はじめてデザイン的（立体的）に物を見る力がついていきます。
　これはアートのみならず、イクステンションにも必要な力です。

デザインの配置例

フレンチラインのイメージ

フレンチのライン（スマイルライン）を、AとBの2つのラインにとって見比べてみます。

A

B

1　ハーフムーンのラインに沿ったデザイン配置はキュートでガーリィなイメージです。

2　キューティクルラインに沿ったデザイン配置は優しいエレガンス感を持った定番デザイン。

3　フレンチラインに合わせたデザイン配置。フレンチのカーブのとり方で、華やかなデザインになります。

4　ネイルのエッジに片側を沿わせたデザイン。ラインの角度によって、モード感のあるクールなデザイン配置になります。

5　キューティクル側にポイント、配置したデザイン。シンプルながら存在感がある配置。

A　スマイルラインを、ナチュラルネイルの持っているイエローラインに沿わせて、緩やかなカーブを持たせたライン取り。流れのあるエレガントなイメージとなり、指先も細く見えます。

B　スマイルラインを、爪のカーブを無視して、直線に取った状態です。爪先が平たく立体感がありません。指先も太く見えます。ラインひとつで、爪先と指先の印象まで変わってしまいます。

Tools of Brush Work
ブラシワークの用具用材

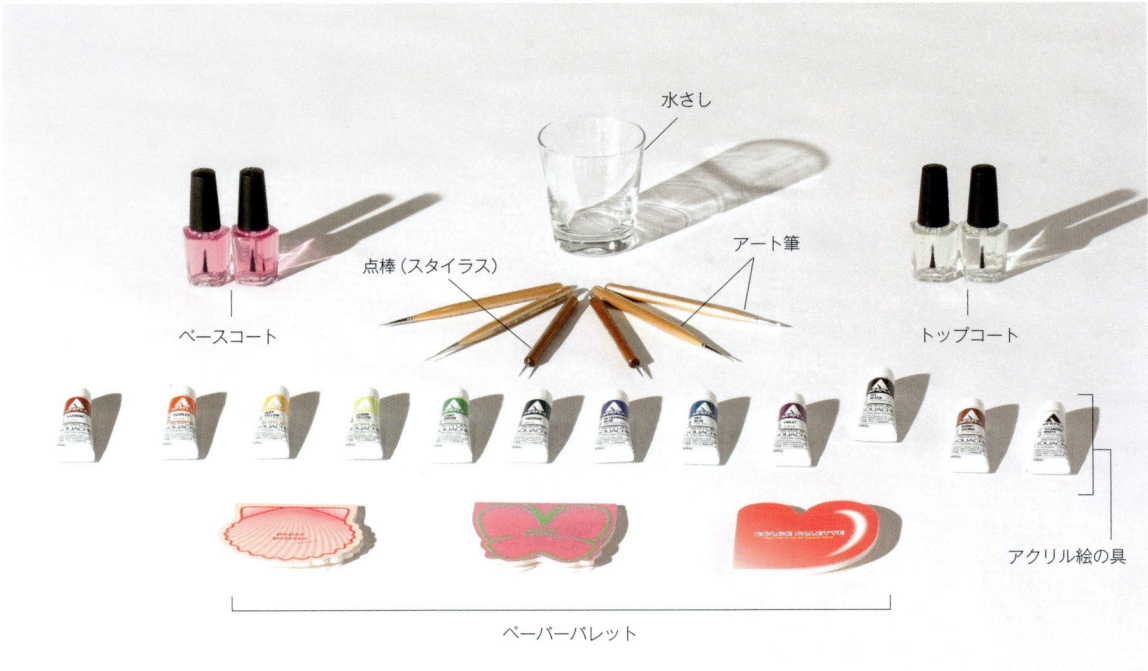

Technique of Brush Work
ブラシワークの基本理論とテクニック

イラスト

1 ベースのカラーポリッシュを塗布します。描くアートのカラーとのコンビネーションや、イメージを踏まえてポリッシュのカラーを決定します。

2 ホワイトの花を描いていきます。全体のイメージバランスを考えながら配置します。同じデザインを何度か練習用のチップで練習しましょう。

Lesson.7 *Nail Art*

3 ポリッシュを使って、ピンクの花を重ねて描いていきます。ペールトーンのカラーは、特に絵の具の濃度に注意して溶きます。薄くなるとムラが出やすくなりますので注意しましょう。

6 花びらと同様に、アクリル絵の具で縁どります。ペイントに選ぶ筆は、ある程度穂先の毛量があり、腰のあるタイプが描きやすいでしょう。

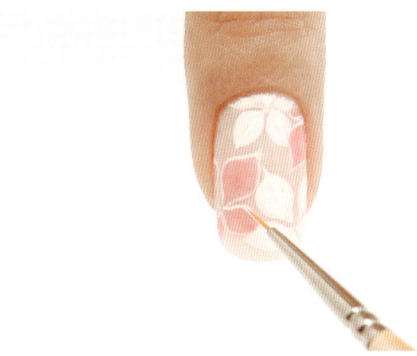

4 アクリル絵の具で花びらの周りを縁どり、デザインを際立たせます。縁どるラインに変化を持たせるとイメージ展開ができます。例えば、太く縁どればポップでかわいらしく、細く繊細なラインをとるとエレガントなイメージになります。

7 最後に、スタッズをポイントに置いていきます。すべての指にランダムなデザインをすることで、遊び心のあるデザインに仕上がります。

5 ポリッシュを使って葉を描きます。デザインする要素が多い場合でも、カラーのトーンを合わせたり、色味を合わせることでバランスよく描けます。ポリッシュとアクリル絵の具を利用することで、奥行のあるデザインに仕上がります。

●仕上がり

✺ *Training of Brush Work* ブラシワークの基本ストロークと作例

1 右ストローク（丸筆） 手首を安定させ、均等な力で筆を動かします。

2 左ストローク（丸筆） 利き手側でない方のストロークは描きにくいので、ゆっくり描き進みます。

3 リーフストローク（丸筆） 最初と最後に、筆の力を抜きます。

4 ストレート（丸筆） 筆は常に爪に対して垂直にします。

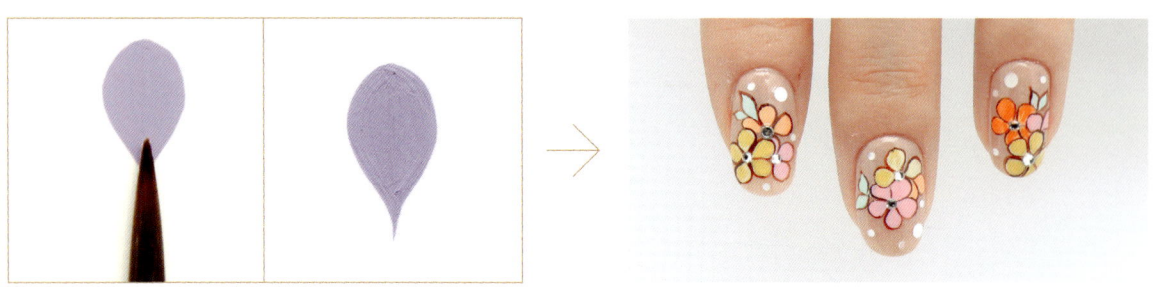

Lesson.7 Nail Art

5 ラインストローク（丸筆）
筆の穂先に力を入れずに筆を動かし、真っすぐ引きます。

6 2色グラデーション（平筆）
筆の左右に異なる絵の具を付けて描きます。

7 フラットカンマ（平筆）
ストロークの筆を平筆に変えるとカンマが表現できます。

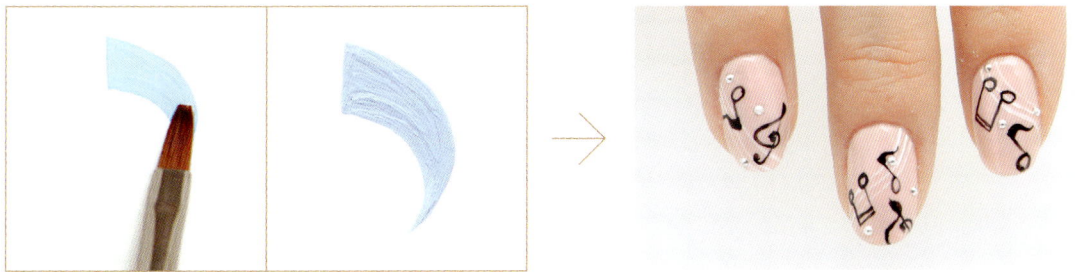

8 ドット（点棒）
爪面に対して、垂直にあてると美しいドットが生まれます。

Tools of Air Brush
エアブラシの用具用材

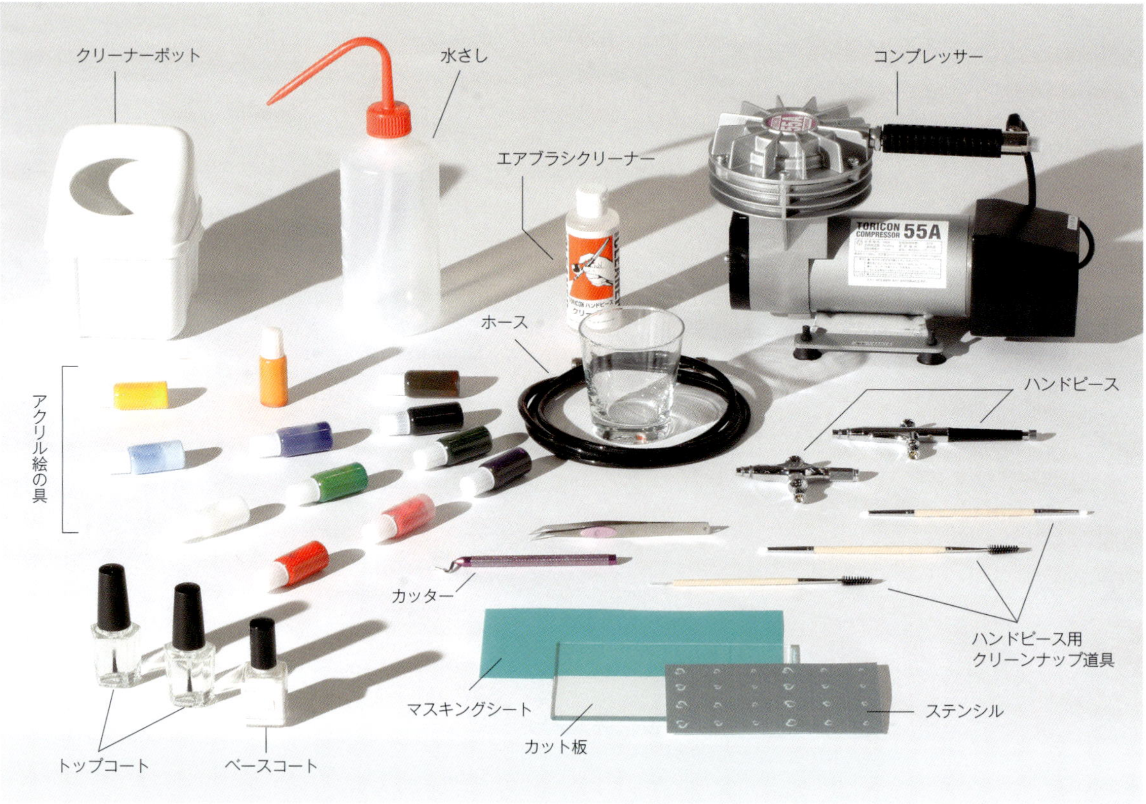

クリーナーポット　水さし　コンプレッサー　エアブラシクリーナー　ホース　ハンドピース　アクリル絵の具　カッター　ハンドピース用クリーンナップ道具　マスキングシート　カット板　ステンシル　トップコート　ベースコート

Technique of Air Brush
エアブラシの基本理論とテクニック

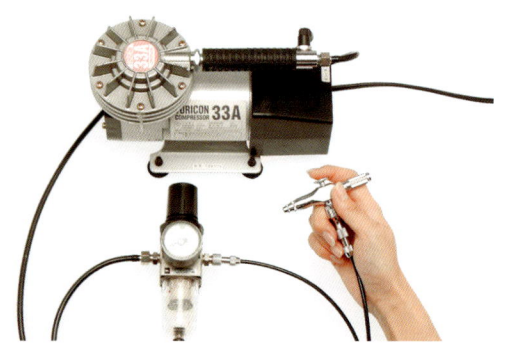

1　機材をセットします。ハンドピースを吹いてエアの圧力テストを行います。好みの圧力に安定させます。

2　ネイル用のリキッドアクリル絵の具を使用する際は、そのままの濃度で使えるものが多くあります。画材のリキッドアクリル絵の具を使用する際は小さな空容器に入れ、牛乳の濃度を目安に水や薄め液で薄めた液を使います。

Lesson.7　Nail Art

3　まず絵の具を入れ、線のレッスンから始めましょう。思った通りの太さ、濃さができるようになるまで試し打ちをします。ハンドピースと紙との距離が大切です。

6　ハンドピースは使用した後、必ずクリーンナップします。ハンドピースの中の絵の具がすべて噴出して空にした後、お湯と洗浄液で洗います。その後、ハンドピースを分解してピースごとにクリーンナップを行います。アクリル絵の具は乾くと耐水性で、皮膜状になりハンドピースの中で乾くと詰まりやすくなるので注意しましょう。

4　次にチップの面を塗るレッスンをしましょう。近すぎると綺麗なミスト状に吹き付けられません。エアの圧力が強すぎても同様です。

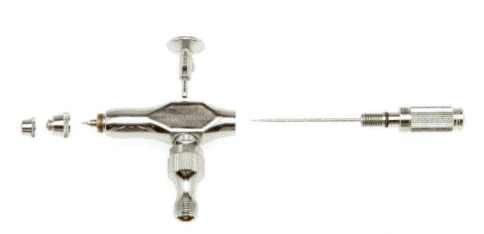

●シングルアクションハンドピースの全体部品。使用後、クリーンナップのたびに分解が必要です。手早く、間違えずに組み立てられるように覚えましょう。

5　チップを使って2色のグラデーションをつくります。ハンドピースをチップ面に対して直角に向け、どこに吹き付けたのかを把握します。

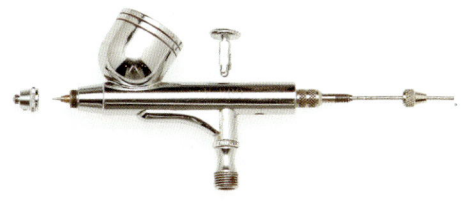

●ダブルアクションハンドピースの全体部品。押すとエアが出て、引くと絵の具が出るダブルアクションタイプです。

Masking Negative マスキング・ネガのテクニック

1. ポリッシュ塗布後、ベースのカラーの黄色を吹き付けます。均等で細かなミスト状に吹けると美しいグラデーションが得られます。このカラーが最後にモチーフとして見えてくるカラーです。

2. ネガの星状のマスクを貼ります。この上からベースの黄色が見えなくなるまでホワイトカラーを爪先に向けて、グラデーションをつけながら吹き付けます。

3. トゥイザーを使って、吹き付けたカラーを傷つけないようにマスクを剥がします。マスキングの形そのままにデザインができ上がりますので、マスクのカットの際には細心の注意が必要です。

テクニックのポイント

● マスクは硝子板やゴム板を使ってカットします。マスクの切り取る形態によって板の使い分けをすると良いでしょう。

● マスクのカットに自信がなくても、事前にデザインがされているプリカットマスクを使うと美しいデザインがつくれます。

● アクリルの薄い盤でできているステンシルを使っても同様の効果が得られます。ステンシルの場合は、ネイルにマスクが密着しているわけではないので、ステンシルが浮かないように注意してエアを吹いていきます。軟粘着タイプのステンシルもありますのでデザインによって使い分けましょう。

| | Lesson.7 Nail Art |

✻ Masking Positive マスキング・ポジのテクニック

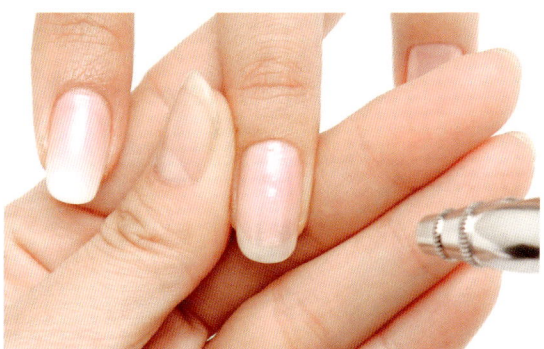

1　ポリッシュ塗布後、ベースになるカラーをグラデーションをつけながら、爪先に吹き付けます。

2　ハート型のポジマスクを貼ります。マスクの大きさはネイル全体を覆う程度の大きさにします。最初に吹いたカラーがモチーフの周りを縁どるカラーになります。

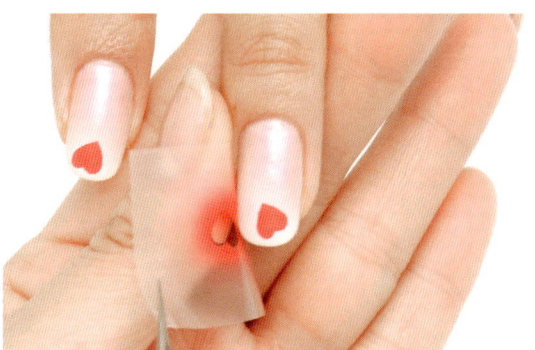

3　マスクを剥がします。ネガマスクと違い、ネイル全体をマスクが覆っているため、剥がす時に器具で傷つける心配は少ないですが、ベースのカラーがよく乾いていなかったり、厚く吹き付けすぎると剥がれてしまうので注意が必要です。

テクニックのポイント

● ベースのカラーが濃い場合は、モチーフのカラーを吹く前にホワイトカラーを吹き付けて、下のカラーを消しておきます。

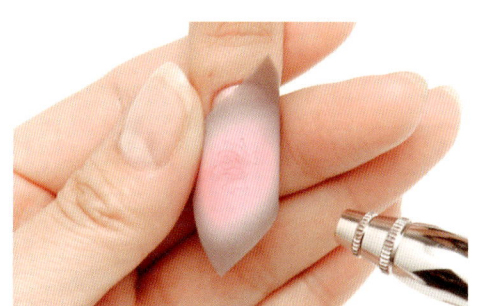

● その上からモチーフで使いたいカラーを吹き付けると思うような色味が発色しやすくなります。

● はっきりと美しいバラの花のモチーフが浮き出て見えます。

✺ *Air Brush Arrange* エアブラシ・アレンジ（ネガ＋ポジ）のテクニック

1　水色パールのポリッシュをネイル全体に塗布します。ネイルのフリーエッジ部分からホワイトをグラデーションをつけながら吹き付けます。更に、爪の先端部分だけピンクを吹き付けておきます。これがベースのカラーになります。

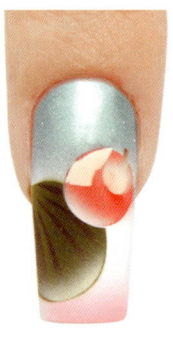

2　それぞれのモチーフを1つずつ丁寧に配置しながらデザインしていきます。

●仕上がり

細かいラインなどをイラストテクニックで加えて仕上がりです。

Lesson.7 Nail Art

Tools of Extenshon Art & 3D Art
イクステンションアートと3Dアートの用具用材

アクリルリキッド
ブラシクリーナー
スカルプチュア筆
カラーパウダー
カラーリキッド
ブリオン
グリッター
針金
3D用筆
ペーパーパレット
ラインストーン
アートシール
アルミホイル

Technique of 3D Art
3Dアートの基本理論とテクニック

バ ラ

1　花びらをつくります。ピンクのカラーパウダーで小さくミクスチュアをとり、ホイルの上でパーツをつくります。筆にはアクリルリキッドをメインに、ブラシクリーナーを少量含ませると硬化時間が遅くなり、やわらかいカーブがつくりやすくなります。

2　花びらのカーブをつくり、その形状で硬化させます。バラは中央の花びらを小さく、徐々に大きい花びらにするとバラらしさが出ます。造花のつくり方の展開図や花の写真集などを参考にしましょう。

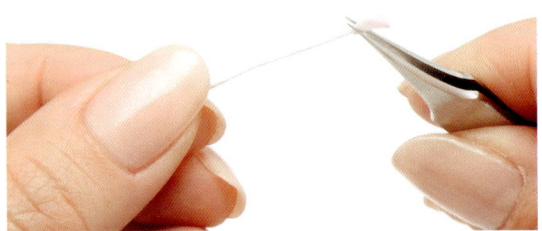

3 　造花用の針金を芯に使い、中心になる花びらを巻きつけます。花びら中央に極少量のグルーを付け、接着させます。

6 　パーツをのせる部分にクリアのミクスチュアで小さな土台をつくります。

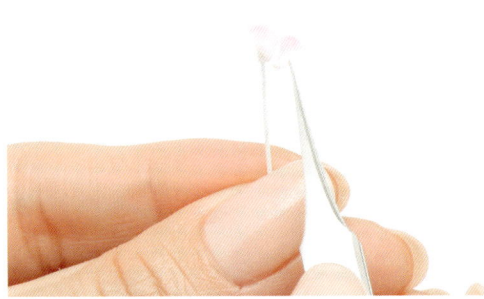

4 　最初よりやや大きい花びらをつくり、完全に硬化する前にアクリルリキッドを付けて巻きつけます。すべての花びらを巻き終わった後、最後にもう一度形を整えます。

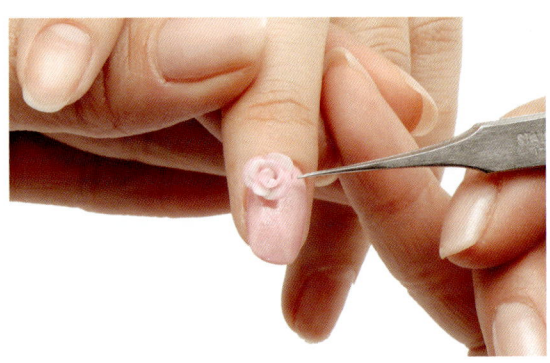

7 　クリアの土台にグルーを少量塗布し、パーツをのせていきます。

5 　グリーンのカラーパウダーで葉をつくります。花びらと同様、ホイルの上で形づくります。完全に硬化する前に筆先を使い葉脈を入れていきます。

●仕上がり

Lesson.7 *Nail Art*

プルメリア

1 花びらをつくります。小さくミクスチュアをとり、ホイルの上でパーツをつくります。

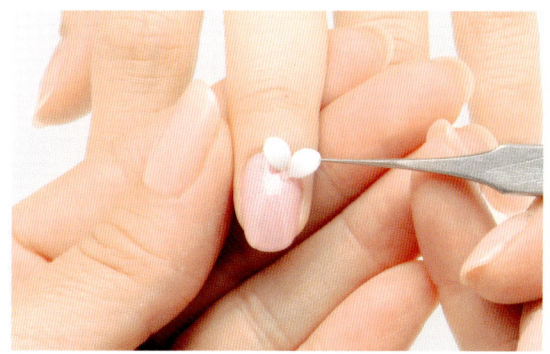

4 花びらをクリアのミクスチュアでつくった土台にのせていきます。土台のミクスチュアが硬化する前に、すべてのパーツを組み立てるようにすると、美しい配置がしやすくなります。少量のグルーを付けながらのせると、固定しやすくなります。

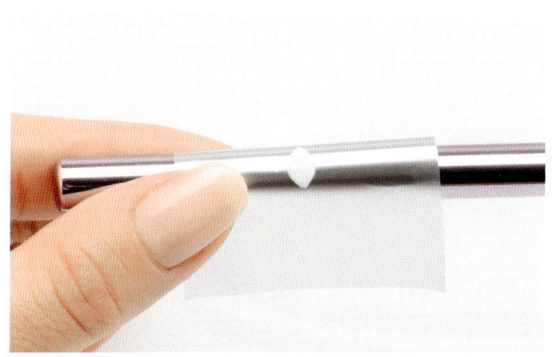

2 バラとは逆に、花びらをそらせるように、カーブをつくります。

5 トゥイザーで花びらのカーブをつけて花びらを整えます。メシベを中心にのせて、バランスよく葉を配置します。

3 トゥイザーでホイルから花びらを剥がします。すべてのパーツをつくり終えてから組み立てていきます。

● 仕上がり

エンボス

1　カラーパウダーで、花びらとなるミクスチュアを筆先にとります。

3　花びらを重ねていき、バラを完成させます。このときに、下の花びらと同化しないようにミクスチュアの濃度に気をつけましょう。

2　ミクスチュアを直接ネイルプレートにのせていき、筆先でバラの花びらに型どっていきます。

4　筆先を使って葉の形を整え、ブリオンやストーンをバランスよく添えます。

● 仕上がり

Lesson.7 *Nail Art*

デザイン・スカルプチュア

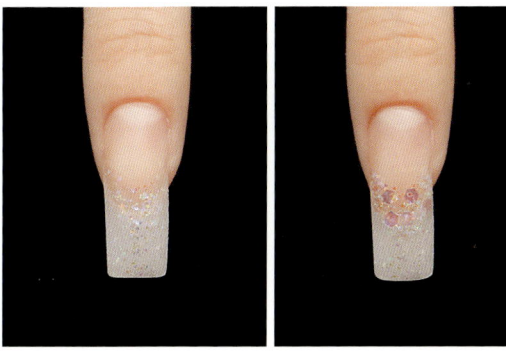

1 ベースになるスカルプチュアネイルは、爪先にラメを入れたパウダーでグラデーションをつくり（写真左）、ホログラムをイエローライン上にのせます（写真右）。この上にデザインしていくことを考慮して、厚みを薄くつくります。

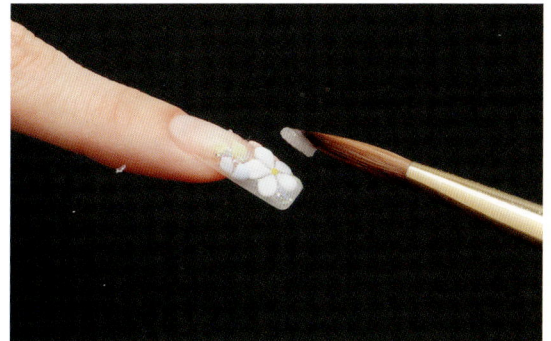

3 クリアのミクスチュアを全体的にかぶせます。ファイルはデザインを削らないように気をつけましょう。

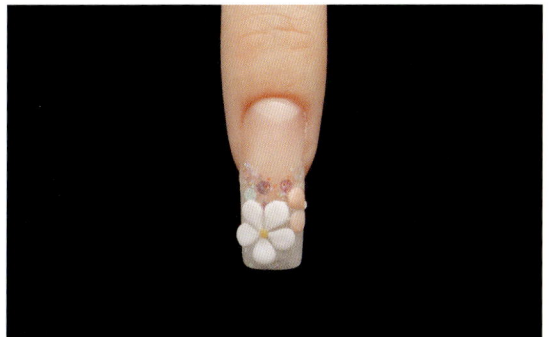

2 花をバランス良くつくります。ハイポイントの位置を考え、デザインの厚みを考えます。

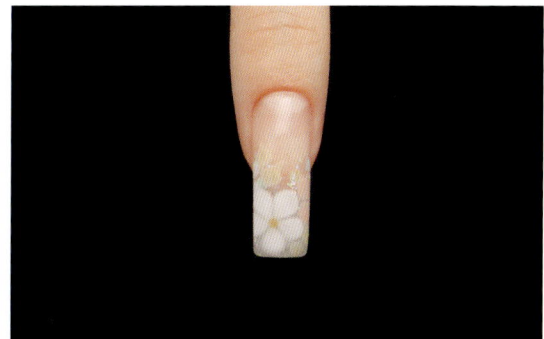

4 ファイルで仕上げたら、裏表にトップコートを塗布します。

● 仕上がり

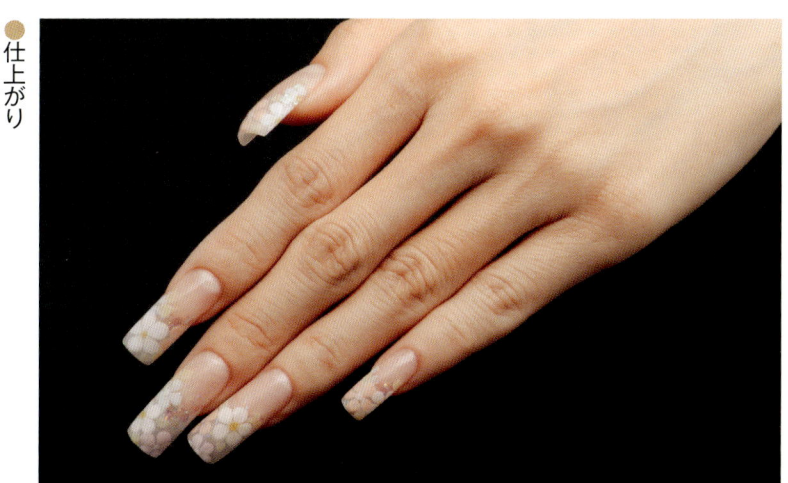

95

Lesson 8

Art Variation
アートの展開

8つのイメージからオリジナリティーを極める

Lesson.8 *Art Variation*

Image of NAIL Art
タイプ別ネイルアート

ネイルアートのデザインは、ファッショントレンドに連動しています。アクセサリーの様に、時にポイントとして、時に引き立て役として、多くの時間をお客様と共に過ごしているのです。そこには、心地良さや、その方らしさが重要な要素になります。色彩・質感・バランスを捉えながら、トレンドだけに流されることなくオリジナリティーを持ち、かつ上手にトレンドを組み込んでいきましょう。そして、どんな時代にもネイルの本質は、上質でエレガントであり、女性らしさの象徴といえます。ここでは、そんなネイルデザインのファーストステップとして、イメージの捉え方を8つに分けて展開しています。

Sophisticate
ソフィスティケイト

●洗練された・大人の感覚を持った都会的なスタイル・隙がない完成度の高さ・知的さ・シンプルながら高いクオリティーをイメージするデザイン。

Luxury
ラグジュアリー

●内面から出てくる本物の品質の良さ・そこから生まれる、優雅で上品なデザイン・贅沢感や豪華さ・優美さをイメージするデザイン。

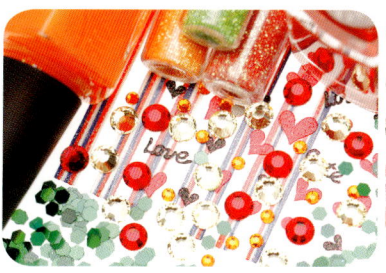

Color
カラー

●色を表現する時の色み・彩度・明度をコントロールするバランス力。色彩がアートの見せ場となるデザイン。明るさ・楽しさをイメージするデザイン。

Sweet
スイート

●甘い心地の良さ・優しい女の子らしさ・どの年代の女性にも好感度の高いテイスト。柔らかさ・可愛らしさをイメージするデザイン。

Mode
モード

●流行の創造を重視・流行に敏感で個性的・大人の冒険的流行の表現・新しいマテリアルを用いて表現・いつの時代も革新さをイメージするデザイン。

Manish
マニッシュ

●メンズテイストを上手に取り入れることによって、最も女性らしさを引き出すスタイル。無性別・女性のクールさカッコよさをイメージするデザイン。

Harmony
ハーモニー

●色彩の調和・バランスのとれた・美しい色彩やデザインの諧調・統一感のとれたデザインの流れ・色彩から感じる楽しさをイメージするデザイン。

Resort
リゾート

●体を休める場所としての避暑地・自然を感じるモチーフ・アースカラー・エスニックな感覚・心地の良さ・自然からの癒しをイメージするデザイン。

Luxury

Lesson.8 *Art Variation*

Sophisticate

●ネイルを日常とする大人のための、洗練されたシンプルなデザインとカラー。

●ネイルをアクサリーと捉え、上質かつ優雅で華やかなデザイン。

99

Lesson.8 *Art Variation*

Color

●色彩とモチーフの、遊びや楽しさをデザイン。

Sweet

●甘く心地の良い優しさ、可愛らしさの象徴的なデザイン。

Lesson.8 *Art Variation*

Mode

●流行の創造。個性のある大人の冒険的テイストの表現。

Manish

●メンズテイストを取り入れた、ある意味最も女性らしさを引き出すデザイン。

Lesson.8 *Art Variation*

Harmony

●色彩の調和。柔らかな色彩のグラデーション。

Resort

●自然を感じさせるモチーフやアースカラー。開放的なリゾート感。

NAIL Words

ネイル用語解説
ネイルを施術するうえで必要な用語を50音順に並べて解説し、参考として欧文も併記しました。

【ア行】

●アーチロケーション
arch location
イクステンションのフォルムにおける高さ、丸みのこと。

●アーティフィシャル・ネイル
artificial nail
スカルプチュアネイルやネイルチップなどの付け爪の総称。=イクステンション。

●アートチップ
art tip
両面テープなどで簡単に装着できる人工爪のこと。彩色デザインされたフルチップからジュエリーなどで飾ったもの、金属製品など、デザイン、素材ともに多様なチップがある。

●アクティベーター
activator
ジェルやグルーを急速に固める硬化促進剤のこと。ボトルタイプ、ハケタイプのものがある。

●アクリル絵の具
acrylic paint
ネイルに絵を描くときや、細かい塗り分けを行うときに使用する、耐水性の水性絵の具。エアブラシの色材にも使用。最後にトップコートを塗布して保護する。

●アクリルカラーパウダー
acrylic color powder
3Dアートやデザインスカルプチュアをつくるときに使用するカラーパウダー。

●アクリルストーン
acrylic stone
→ラインストーン参照
=ジェムストーン

●アクリルパウダー
acrylic powder
スカルプチュアネイルをつくるアクリル樹脂のパウダー（ポリマー）のこと。

●アクリルリキッド
acrylic liquid
スカルプチュアネイルをつくるときに使うアクリル樹脂の液体で、アクリルパウダーと混ぜ合わせてミクスチュア（ボール）をつくって使う。
=モノマー、リクイド、リキッド

●アルコール（消毒用）
alcohol
一般に消毒剤として使われ、手指には76.9%以上、81.4%以下の溶液を使用する。

●イクステンション
extension
人工爪の総称。スカルプチュアネイル、チップオーバーレイ、プレスオンチップなどで、求める長さと形をつくるネイル・テクニックの総称。

●イクステンションアート
extension art
イクステンションテクニックを使いながら、アートしていく技術。
=デザインスカルプチュア。

●イングローンネイル
ingrown nail
陥入爪と呼ばれるもの。フリーエッジの両角が皮膚に食い込んでいる状態。

●ウォーター・マニキュア
water manicure
お湯を使ってネイルケアの施術を行うこと。

●エアブラシ
air brush
コンプレッサーなどを使い、色材を霧状にして吹き付けるイラスト画法のこと。グラデーションが美しく描けて、多色画法も容易であることから、ネイルアートで利用される。

●エタノール
ethanol
エチルアルコールのことで、アルコールの一般名。消毒剤として利用する。

●エナメル
enamel
ネイルカラーの別称。
=カラーポリッシュ、ネイルラッカー。

●エメリーディスク
emery disc
爪の形を整えたり、磨くためのやすり。芯にスポンジが入っており、丸型や四角形のものがある。

●エメリーボード
emery board
爪を形づくるためのやすり。木などの平らなスティックの表面に、サンドペーパーを貼りつけてある。ナチュラルネイル用。

●LEDライト
LED light
LEDに反応するジェルを硬化するためのライト。

●オーバーレイ
overlay
ナチュラルネイルに、アクリルやジェルをコーティングして補強すること。

●オーバル
oval
卵形、長円形の意味。ポイント（爪先を細く尖らせた形）に似ているが、それよりもやや丸みがある形。衝撃にはやや弱いが、指先を優しい表情に見せる特徴がある。

●オイル・マニキュア
oil manicure
ホットオイルを使う手入れの仕方。ハングネイルなど乾燥している爪に効果的。

●オニコグリフォーシス
onychogryphosis
爪鉤湾症の病理名。手足の爪が異常に湾曲して鳥の爪のようになる症状。

【カ行】

●キューティクル・プッシャー
cuticle pusher
キューティクルを押し上げ、ネイルプレート（爪甲）から離すための道具。ウッドスティック、メタルプッシャー、マシーンのプッシャー等。

●キューティクル・ニッパー
cuticle nipper
余分なキューティクルやルースキューティクル、ささくれ等を除去するもの。

●キューティクル・リムーバー
cuticle remover
爪の周囲を覆っている外皮や汚れを柔軟にして、取り除くために使うアルカリ液。

● グラスファイバー
glass fiber
リペアに使用する化学樹脂繊維。

● クリーンナップ
clean up
キューティクルを押し上げた後（＝プッシュアップ）、ガーゼ、キューティクルニッパーなどでルースキューティクルやささくれを除去し、キューティクルを整えること。

● グリーンネイル
green nail
人工爪やジェルネイルをした後、メンテナンスを怠るとグリーンネイルが発生しやすくなる。付け爪の施術後は、10日〜2週間周期のメンテナンスを必ず行うことで防げる。

● グルー
glue
ネイル用の接着剤。リペアやイクステンション、アートで使用する。

● グルーオン
glue on
接着剤（グルー）を使って亀裂などを修復する方法。

● グルーオフ
glue off
接着剤を取り除くこと。

● グルーリムーバー
glue remover
接着剤を取り除く専用液のこと。

● クレーパー
craper
メタルプッシャーのプッシャーの反対側。

● コーンファイル
corn file
足の指先や裏などの角質を除去するためのやすり状のもの。

● コレクション
correction
形状に難点のある爪を、スカルプチュアなどで形を美しくつくること。

● コンビネーション
combination
2色以上のカラーポリッシュを塗り分けること。

【サ行】

● サイドライン
side line
爪甲の左右の際。側爪甲縁ともいう。

● サンディング
sanding
ファイルで爪の表面の艶を消す程度に削ること。接着面積を増やし、イクステンションなどの接着をよくする、プレパレーション工程のひとつ。

● Cカーブ
C-curve
スカルプチュアネイルを造形するときのネイルプレート先端の丸み。

● ジェル
gel
UVライトなどで硬化するアクリル樹脂と、ゼリー状の接着剤のこともさす。

● シェブロンフレンチ
chevron french
爪先がV字模様になったデザインのネイル。フレンチネイルのデザインを、V字形に変化させたもの。

● シルクラップ
silk wrap
絹の布片を使って爪の上を包み、爪の強度を補強するテクニック。

● 縦線
爪甲縦線＝そうこうじゅうせん
ネイルプレートにできる縦線。老化や乾燥により目立つ。対処法はバフィングや、ひどい場合はグルーオン＆パウダーフィラー。

● スカルプチュアネイル
sculptured nail
スカルプチュアは彫刻の意味。アクリルリキッドとアクリルパウダーの材料を、ネイルフォームを装着した爪にブラシを使ってネイルの形に仕上げていくテクニック。

● スクエア
square
爪の先端と両サイドがストレートな形。

● スクエア・オフ
square off
スクエアの先端の両角をカットして丸味を持たせたもの。

● スクラブ
scrub
細かく砕いた果物の種などが入ったクリーム状のもの。これで皮膚の上の不要な角質を落とす。

● ストーン・プッシャー
stone pusher
きめの細かい軽石状のプッシャー。キューティクルを押し上げるのに使う。

● ストレスポイント
stress point
爪先（フリーエッジ）が爪床（ネイルベッド）から離れた両端のこと。衝撃を受けやすく、割れが生じやすい部位。

● ストレンスナー
strengthener
2枚爪や薄い爪を補強するために、繊維が配合されているベースコート。リキッドラップとして使用する。

● スマイルライン
smile line
フレンチネイルをかたどるフリーエッジのライン。爪の先端（フリーエッジ）とネイルベッドとの境目が、笑ったときの口元に似ていることから命名。

● スリーウェイ・バッファ
3-way buffer
自爪のバフィングやイクステンションでつくられた、人工爪を磨くための三面体のバッファ。

● 3Dネイルアート
3D Nail Art
縦、横、高さのある立体造形物。＝ファンタジックアート

● セルフレベリング
self-leveling
ジェルやミクスチュアが自然に広がる力をいう。

NAIL Words ネイル用語解説

● **爪母細胞**
そうぼさいぼう
ネイルマトリクスの細胞で爪を生み出す細胞。

● **ソフトジェル**
soft gel
溶剤で落とせるタイプのジェルネイル。＝ソークオフジェル

● **ソルベント**
solvent
ネイルカラーの薄め液。

【タ行】

● **タッピング**
tapping
軽く叩くように行うマッサージ。

● **チップオーバーレイ**
tip overlay
自爪に接着させたチップの上に、アクリルやジェルの材料をコーティングしていくテクニック。

● **チップカッター**
tip cutter
ネイルチップをカットする爪切り。

● **チップ&ラップ**
tip&wrap
チップと自爪の接着した境目をラップ材でカバーするように仕上げるテクニック。

● **チップブレンダー**
tip blender
チップと自爪の段差をなくすための液体状のもの。チップを軟化させてファイルでスムーズにする。

● **爪紅**
つまべに
日本に古代から伝わる爪の化粧のこと。鳳仙花の花弁やかたばみの葉を揉み合わせて液をつくり、爪を染めた。

● **ディスインフェクタント**
disinfectant
清浄作用のある溶剤。イクステンション施術のときに、グリーンネイル防止として使用。道具の消毒の事もいう。

● **テープ・ストライプ**
tape stripe
ネイルアート用の細いテープ。ラインを描くときに使用。

● **デコレーション**
decoration
トッピング・グッズ、ネイルピアス、イクステンションアートなどの飾りを爪に付けてデザインすること。

● **デザインスカルプチュア**
designsculpture
色のついたアクリルパウダー等で、デザインを埋め込むスカルプチュアネイルのこと。

● **トゥイザー**
tweezers
細かなアート材料の接着や造作の際に使用する細かな作業に適したピンセット。

● **トゥ・セパレーター**
toe separator
足にポリッシュを塗る際に使用するもの。指と指が重ならないように、指の間にはさむ道具。

● **トッピング・グッズ**
topping goods
ラインストーン、シール、ラインなど、ネイルアート用の飾り物の総称。主にフラットアートの材料。

● **トップコート**
top coat
カラーの光沢を高めるとともに、カラーを外部の刺激から守り、保護することによって耐久性を高める働きがある。

● **トランスペアレント**
transparent
折れた爪や短爪の修繕方法。あらかじめ準備していたナチュラルネイルを和紙でカバーし、ネイルセメントで固める。

● **トリートメント**
treatment
ネイルでは、爪、その周りの皮膚のケア全般のこと。皮膚およびネイルのコンディションを整える。

● **トルエン**
toluene
ネイルカラーの溶剤成分。

【ナ行】

● **ナゲット**
nugget
ネイルアートに使用する薄い金や銀の箔のこと。

● **ニトロセルロース**
nitrocellulose
ネイルカラーの主成分。乾きが早く丈夫な膜をつくる。

● **ネイティフル**
natiful
ネイルとビューティーを合わせた造語。ネイル的トータルビューティー。

● **ネイルアート**
nail art
爪のファッションを楽しむテクニック。カラーを塗り分けたり、デコレーションして楽しむこと。

● **ネイル・イクステンション**
nail extension
スカルプチュアネイル、ジェルネイル、オーバーレイ、チップ、プレスオンなどの技術で、好みの長さと形をつくるネイルテクニック（または人工爪）の総称。

● **ネイルウォール**
nail wall
爪郭（そうかく）。爪甲（ネイルプレート）の三方を取り囲んでいる皮膚のこと。

● **ネイルケア**
nail care
健康で美しい爪をつくるためのテクニック。

● **ネイルシェーパー**
nail shaper
爪先の形づくりに用いるマニキュアマシンの部品。

● **ネイルタブ**
nail tab
チップネイルを装着するための専用の両面テープ。

●ネイルチップ
nail tip
プラスチック樹脂でつくった人工爪。チップラップ、チップオーバーレイなどの施術方法で使用するもの。

●ネイルニッパー
nail nipper
爪切り。

●ネイルハードナー
nail hardener
軟らかな薄い爪を硬く、強化する効果のあるポリッシュのこと。

●ネイルバイティング
nail biting
爪先を噛む習慣により、爪先が鋸歯状に削られたもの。2枚爪やヒビの原因にもなる。

●ネイルピアス
nail pierce
爪先に穴を開けて装着するネイル用のアクセサリー。耳ピアス同様に、裏をネジで留める。

●ネイルフォーム
nail form
スカルプチュアネイルをつくるとき、土台にする爪形の紙型。爪先に装着してフリーエッジをつくる。

●ネイルフォルド
nail horudo
爪甲を根元で固定している皮膚の部分。後爪郭ともいう。

●ネイルプレート
nail plate
通常"爪"と呼ばれている部分。爪甲（そうこう）。角質層がウロコ状に重なり、薄い3層で構成されている。

●ネイルブラシ
nail brush
爪甲の上の皮脂や油分を除去するためのブラシ。

●ネイルベース
nail base
爪根（そうこん）。ネイルプレートが表皮の下に隠れた部分。

●ネイルベッド
nail bed
爪床（そうしょう）。ネイルプレートがのっている皮膚の部分。

●ネイルポリッシュ
nail polish
爪甲に塗布するものの総称。また、酸化錫、炭酸カルシウム、タルクなどを原料とする研磨剤の意味もある。

●ネイルマトリクス
nail matrix
爪の育成・成長をつかさどる部分。血管、神経がある。ネイルマトリクスにダメージを受けると、爪が変形し、悪くすると爪を失う。爪母（そうぼ）。

●ネイルラップ
nail wrap
爪の表面をシルクやリネン、和紙などで包んで補強や修繕をすること。

●ネガティブ
negative
図柄以外の面を彩色する方法。とくにエアブラシで描画するとき、図柄に色がつかないように図柄をマスキングすることを、ネガティブ・マスキング。図柄以外の面にエアブラシをかけることを、ネガティブ・ブラシという。

【ハ行】

●ハードジェル
hard gel
溶剤では落とせないタイプのジェルネイル。反対に溶剤で落とせるタイプのものをソフトジェルという。

●ハードスキン
hard skin
サイドウォール（側爪廓）の硬くなった皮膚のこと。

●ハイポニキウム
hyponychium
爪下皮（そうかひ）。フリーエッジの下部まで伸びた指先の皮膚。

●バッファ
buffer
スリーウェイ、バッファ、セーム皮等、爪を磨くための道具。

●バフィング
buffing
爪甲表面の縦筋や凹凸をバッファなどで磨くこと。

●パラフィン・トリートメント
paraffin treatment
温めたパラフィンに手足を浸すケアのパック方法。

●ハングネイル
hang nail
ささくれのこと。乾燥で、爪の回りの皮膚にダメージが加えられるとささくれになるが、未熟なネイルケアでも起こる。対処法はささくれをニッパーで取り除き、通常のケア後に、保湿作用と油分のあるものでしっかりケアすること。

●ハンドピース
hand piece
エアブラシの筆にあたる部分。レバーを調節してノズルから噴霧される絵の具の量や状態を変えられる。

●ピアスドリル
pierce drill
ネイルピアス用に爪に穴を開けるためのドリル。

●ヒーティング・ブーティ
heating bootee
電気で足を温めるブーツ状の器具。ケアのヒート・トリートメントで使用。

●ヒーティング・ミトン
heating mitten
電気で手を温める手袋状の器具。ケアのヒート・トリートメントで使用。

●ピーリング
peeling
皮膚表面の余分な角質を取り除き、新しい皮膚の代謝を促す方法。

●ピーリングネイル
peeling nail・2枚爪
ネイルプレートを構成している爪の層が剥がれた状態。爪の長さを整えるときにファイルを使わず、爪切りでカットすると、爪先に細かなヒビが入り、乾燥して2枚爪になりやすい。やすりの誤用でも発

NAIL Words ネイル用語解説

生。対処法はリペア。

● ヒート・トリートメント
heat treatment
キューティクルを軟らかくし、荒れた爪甲に水分を与えるため、保湿成分を塗布し、ヒーティング・ブーティ、ヒーティング・ミトンを使用して施すトリートメントのこと。

● ビットグルーブ
bit group
ネイルプレートの表面にできる窪みや溝。プレートの周囲に皮膚炎があれば、それが原因。主にホワイトスポットと同様の原因であることが多い。

● ピンチ
pinch
スカルプチュアネイルの施術時に、美しい理想的なフォルムつくりのために行うテクニック。ネイルの両左右からネイルプレートを挟み、形を整えていく。

● ファイル／ファイリング
file/filing
ファイルやエメリーボード（やすり）で爪先の形を整えること。

● ファストドライ
fast dry
ネイルポリッシュの乾燥を速めるための仕上剤。

● フィルイン
fill in
爪が伸びて生じた自爪とスカルプチュアネイル（人工爪）の段差を埋めて、形を整えること。

● フィンガーボール
finger bowl
ネイルケアのとき、微温湯を入れて甘皮を軟らかくするために指をつける器。

● フォーム
form
スカルプチュアネイルを形どるために必要な台紙。

● プライマー
primer
下地剤、ベースコートやスカルプチュアネイルの下地剤もさす。

● プッシャー
pusher
キューティクルを押し上げる器具。

● フラットアート
flat art
ネイルカラーで彩色したり、絵の具で画を描いたりして平面的にデザインしたネイルアートの総称。

● フリーエッジ
free edge
爪先（つめさき）。ネイルプレートが、ネイルベッドから離れているところ。支える部分がなく、水分・脂質も少ないことから割れやすい。

● プレスオン
press on
爪甲に両面テープでチップを貼りつけること。

● プレパレーション
preparation
付け爪やジェルネイルを装着する前に行う自爪への下準備。

● フレンチトーン
french tone
＝フレンチネイル。ナチュラルルック。

● プレプライマー
pre-primer
自爪表面の余分な油分を取り除く溶液。人工爪やカラーの持ちを良くする。

● フレンチネイル
french nail
爪先の部分だけを白く塗るデザイン。通常はベースカラーに淡いピンクや透明色を用い、ナチュラルな印象をもたらす。

● フローター
floater
自爪の上をミクスチュアやジェルでカバーすること。ナチュラルネイルオーバーレイ。

● ペイント
paint
爪に彩色デザインすること。イラスト。

● ベースコート
base coat
爪甲を色素沈着から保護し、ネイルカラーの密着を高めるためのコーティング剤。

● ベンディング
bending
爪の両サイドや上下から圧力が加わり、爪が曲がること。

● ポインテッド
pointed
先端を細く尖らせた形。

● ボール
ball
スカルプチュアネイルをつくるとき、筆にアクリルリキッドとアクリルパウダーをつけてミクスチュア（ボール）をつくる。その1つのミクスチュア（ボール）のことを、ワンボールという。

● ポジティブ
positive
図柄だけを彩色する方法。エアブラシで図柄だけに彩色することを、ポジティブ・マスキング。図柄以外の部分を隠すことを、ネガティブ・マスキングという。

● ポリッシュ
polish
俗称でいうマニキュアのこと。本来のマニキュアは、マニ（手）のキュア（ケア）を指す施術名。

● ポリッシュリムーバー
polish remover
除光液のこと。ポリッシュを落とす際に使用。自爪にやさしいアセトンを含まないタイプのリムーバーもある。

● ホワイトスポット（＆リッジフィラー）
white spot & ridge filler
爪にでる白い斑点。ひどくなると帯状になる。爪の成長とともに移行し、自然に消滅。ネイルマトリクスの上部を強く打ったり、指をドアにはさむことが原因。小学生に多く見られる。

● ホワイトパウダー
white powder
スカルプチュアネイルをつくる材料。アクリル樹脂が主成分。

【マ行】

●マッサージ
massage

血液循環を促し、指の関節部へ老廃物が付着するのを防ぐために行う。手の場合は、肘から指先にかけて行い、足の場合は、膝から下に行う。

●マニキュア
manicure

ラテン語のmanus（手）、cure（手入れ）を語源とする言葉。本来は、手全体を手入れする意味。欧米では、その技術者をマニキュアリストという。

●マニキュアマシン
manicure machine

キューティクルブラシ、ネイルシェーバー、キューティクルプッシャー、ペディキュア、エメリー類の付属品によって、手足の手入れを簡単にする電動器具。

●マーブル
marble

ポリッシュ等でつくる大理石模様のネイルアート。

●ミクスチュア
mixture

アクリルパウダーとアクリルリキッドを混ぜたもののこと。

●ミックスメディア
mixed media

フラットアート、3Dアート、イクステンションアートなどをミックスしてデザインするアート。

●モノマーポット
monomer pot

アクリルリキッドやアクリルパウダーを入れる器。お客様ごとに必要量を入れて使用。ブラシクリーナーを入れてブラシも洗浄。ダッペンディッシュともいう。（※アクリルリキッドをモノマーともいう）

●ミトン
mitten

手袋のこと。マッサージ、パラフィンパックの後に、保湿の効果を上げるため腕にミトンを巻いて温める。保温効果のあるヒーティング・ミトンもある。

【ユ行】

●UVライト
UV light

UVに反応するジェルを硬化するためのライト。ジェルを塗った後に手（指）を入れると、ジェルが紫外線反応して硬化する。

【ラ行】

●ラインストーン
rhine stone

ネイルアートに用いる石で、アクリルストーンやスワロフスキー（クリスタル）等がある。取れやすいので、トップコートやジェルネイルでコーティングする。

●ラウンド
round

両側は真っすぐで、先端は円周の一部のようなゆるやかなカーブをもたせた形。指を細く長く見せ、衝撃にも強い。

●ラップ材
wrap

ラップ材は、ネイルをコーティングするときに、ネイル用の接着剤とともに使用する。シルク、リネン、ファイバーグラスなどの素材でできている。

●リッジフィラー
ridge filler

爪の凹凸を埋め、表面をなめらかに整えるベースコート。カラーの発色も良くする。

●リフティングエリア
lifting area

イクステンションやリペアをしてから時間が経つと、キューティクルの近くが浮いてくることをリフティングといい、浮きやすい部分をさす言葉。カビなどのトラブルの原因になるため、10～14日以内のメンテナンスが必要になる。

●リペア
repair

修理・修復をすること。割れた爪を修復したり、爪を補強することをいう。

●ルースキューティクル
loose cuticle

キューティクルを押し上げたときに、ネイルプレートの間に見られる薄皮状の角質。これを取り去らないとポリッシュが美しく塗れず、耐久性が悪くなる。

●ルースハイポニキウム
ruth byponychium

爪下皮から発生し、フリーエッジの裏側に付着した角質の部分。爪下皮角質ともいう。

●レジン
resin

ファイバーグラスを使ったラップやネイルのリペアなどに使われる接着剤。

●レジメンタル
regimental

ポリッシュ等で爪を斜めに塗り分ける塗り方。

【ワ行】

●ワイプ
wipe

プレパレーションで爪の油分や汚れを拭き取るときや、ジェルネイルの未硬化ジェルの拭き取り時などに使用するもの。

NAIL Q&A

よくある質問と回答

とくに多く寄せられる基礎的なポイントを、30問の「Q&A」に集約してみました。お客様へのアンサーの参考にして下さい。

Q1・爪は呼吸していますか？ ずっとマニキュアしていて平気なの？

爪は死んだ細胞です。呼吸はしていないので、ずっと塗っていても大丈夫です。逆に、塗っていた方が自爪がコートされて保護されることになります。塗り替えは週1回程度にして、乾燥性が強い除光液の使用回数は減らしましょう。

Q2・すぐに「2枚爪」になります。なぜ？

爪切りを使っていたり、やすりで往復ファイルしていませんか？ 爪が乾燥しているときも2枚爪になりやすくなります。

Q3・きれいな爪の条件って何？

A・正しくケアされている爪は、美しくなっていきます。ほどよい上下左右のカーブ、ゆるやかな丸いふくらみなど、ケアして整ってきます。健康状態がよくて薄ピンク色の爪は何よりも美しいものです。指にあったバランスのよい爪の長さも大切です。

Q4・爪の白いところ（半月）がたくさん見えると健康って、本当？

A・人によって指の太さも爪の大きさも違うのですから、ハーフムーン（半月）の大きさにも個人差があります。見えなくても心配することはありません。

Q5・爪が伸びると、ハイポニキウムも伸びるのは、なぜ？

A・ハイポニキウムは爪を支えているものなので、爪が伸びることによって、その爪を支えようとして一緒に伸びてくれるのです。

Q6・生えてくる爪のデコボコは、なぜできる？ 目立たなくするには、どうすればいいの？

A・年齢によるものや病気によるものなど、理由はさまざまですが、ネイルマトリクスを傷めていたりダメージを受けることが大きな原因です。病気が原因でなければ、リッジフィラーでカバーをするか、それでも目立つときにはリペア技術を施してカバーしましょう。

Q7・爪が折れやすいのは、なぜ？

A・乾燥によることと、形を整える際にサイドをストレートに整えていない場合には、爪への負担が大きくなって折れやすくなります。また誤ったファイルによってストレスポイントを傷つけることも原因です。

Q8・「ささくれ」はなぜできるの？

A・乾燥によりできることが多いので、ネイルオイルやクリームで水分と油分を補って乾燥を防いであげましょう。

Q9・爪の形が悪いけど、治りますか？

A・ケアを続けていくことによって改善されていきます。

Q10・爪の表面が薄くむけるのは、なぜ？

A・乾燥によって起こる場合と、病気によって起こる場合があります。(P13参照)

Q11・人工爪の目的は？

A・短い爪の人が爪を長くしたいときに付けるのが一番大きな理由でしょう。また、爪の形を変えたいときに、きれいにつくり上げた人工爪は嬉しいものです。人工爪をしたときに気をつけることは、普段よりも極端に長さを変えたお客様は、人工爪の長さに合う適切な指づかいができないことです。お客様に注意を促すとともに、10日～2週間に1回のメンテナンスが必要なことも伝えましょう。

Q12・手よりも足の爪が厚いのは、なぜ？

A・爪は手、足を使うために大切なものです。手の爪がなければ小さな物さえもつかめません。足の爪は全体重を支えるために大切です。手よりも足の爪の方が成長速度が遅いために厚くなるのです。

Q13・マニキュアをしていると黄色く変色します。なぜ？

A・色素沈着によることが多いので、しっかりベースコートを塗るようにして、変色を防ぐことを心がけましょう。ベースコートの2度塗りも効果的です。

Q14・マニキュアを早く乾かす方法は？

A・冷やすと早く乾きます。風を送ったり、ネイルポリッシュ速乾剤を塗布すると早く乾きます。ただし、急激に冷却するとポリッシュが縮んだり艶がなくなってしまいますので、気をつけましょう。

Q15・ネイリストが施術してもよいトラブルの限界は？ その見極めは？

A・感染力のある病気（皮膚病）や、炎症を起こして腫れていたり出血があるときは、医師の診断を受けるように勧めましょう。

Q16・ベースコートとトップコートは、同じもの？

A・成分に多少の違いがあり、用途も違います。ベースコートは自爪をコートし、カラーポリッシュを密着させ、色素沈着を防ぐ役目があります。トッ

プコートはカラーポリッシュをコートし、カラーの耐久性を良くし、艶を出す役目があります。

Q17・ネイル用の「グルー」って、普通の接着剤と違うの？

A・ネイル用のグルーは爪専用につくられているので耐久性があり、硬化時に爪に負担をかけることが少ないため、専用のものをお勧めします。

Q18・なぜ、いろいろなタイプ・形のスカルプチュア用フォームがあるの？

A・フォームは、各メーカーのミクスチュアのタイプに合わせてつくられています。その中から、お客様のネイルタイプに合わせて選ぶとよいでしょう。

Q19・パウダーによって、硬化時間は変わるの？

A・各メーカーによって違います。速いタイプ、遅いタイプがあるので、さまざまなメーカーのものを使って、自分のつくりやすいタイプのパウダーを見つけるとよいでしょう。

Q20・ネイルの検定試験は必要なの？

A・試験に向けて練習することで自分の技術チェックができ、弱点を鍛えることで技術が向上しますから、とてもよいことだと思います。

Q21・施術する際、設備面で気をつけることは？（換気、照明、その他）

A・手元が暗くならないように、手元を照らすライトが必要になります。その他、消毒器、清潔なタオルやガーゼなどの用意と、空気がこもらないように換気にも気を配りましょう。

Q22・ポリッシュは日光や熱に弱いの？

A・大変弱いので、なるべく涼しく暗いところで保管しましょう。日光や熱に当てると、バブルが入ったり変色したりしてしまいます。

Q23・ポリッシュに"玉"が入っているのは、なぜ？

A・顔料が沈殿してしまうので、きちんと混合させられるように入っています。

Q24・ポリッシュを塗ってドライヤーで乾かすとデコボコになるの？

A・強い風によって、乾いていないポリッシュが波打ってしまったり、温かい風によって気泡が入ったりするためです。

Q25・スカルプチュアの用材って、腐るの？

A・古くなると変色・変質してしまいます。古くなったものを使うと、なかなか固まらないこともあるので、効率よく使うようにしましょう。

Q26・イクステンションの溶剤は、日光や熱に弱いの？

A・ポリッシュ同様に弱いので、なるべく涼しく暗いところで保管しましょう。

Q27・スカルプチュアの筆は、毎回、ブラシクリーナーで洗うの？

A・ブラシクリーナーは、ブラシが固まってしまったときにだけ使うようにして、常にきれいなリキッドで筆を洗い、整えて保管しましょう。クリーナーを使いすぎると、逆に筆を傷めます。

Q28・メーカーが違うアクリルリキッド、アクリルパウダーを混合させたら、駄目？

A・安定した施術を行うために、操作性の安定した材料を使うことが重要です。他メーカーのものを混合させて不安材料をつくることは、望ましくありません。

Q29・アートは、トップコートを塗ってからするの？ 塗る前にするの？

A・トップコートはポリッシュやアートをコートし、艶を出してくれるものなので、最後に塗りましょう。ただし、ラインストーンなどを接着するときに、接着剤代わりに使うこともあります。

Q30・スカルプチュアの施術でピンチ（形状をつくる）をするタイミングは？

A・硬化する時間があるので、完全に硬化する前に行います。メーカーや気温・湿度によっても時間は変わるので、自分の使用している用材、環境によって、タイミングを覚えましょう。また、硬化したスカルプチュアに無理な力でピンチを入れると、爪を剥離させてしまいかねません。タイミングをきちんと捉えて行いましょう。

著 者　木下美穂里

1982年	東京写真大学（現・東京工芸大学芸術学部）卒
1983年	東京総合理容美容専門学校卒業後、美容師免許取得
1985年	NPO法人日本ネイリスト協会設立／教育委員就任（現・常任理事、企画委員長）
1996年	株式会社ユミ・クリエイション社長就任、IMAメンバー参加 国際美容産業情報機構（IBIN）副理事長就任
2000年	ジャパン・メイクアップアーティストネットワーク（JMAN）理事就任
2003年	木下ユミ・メークアップ＆ネイル アトリエ校長就任
2005年	ディズニー『プリンセス』シリーズ、箸の老舗ブランド「まつ勘」とのコラボブランド『グラマラス』シリーズ、タカラトミー社「リカちゃん」、「REVLON」、「ブルジョア」等、数多くのコラボデザイン商品やイベントをプロデュース
現在	『ネイル・パーフェクトマニュアル』（三元社刊）他、執筆・出版物多数 所属するNPO法人日本ネイリスト協会においてトレンドプロジェクト長を務め、世界初のネイルトレンドの構築、発信を行う 2000年からスタートした東京ビューティーコングレス『木下ユミ杯』プロデュース メークアップ＆ネイルサロン "ラ・クローヌ" 銀座、新宿、藤沢の3店舗代表。広島、宇都宮、長野に姉妹校

●Staffs　奥谷みどり　酒井貴久子　大川貴美代　坂井由紀子
　　　　　大橋邦世　内山真理恵　小田倉良子　長沼美帆　ロイ尚子
　　　　　小田千裕　殿村雅子　千葉真奈美　三和田恵　池上清美
　　　　　加賀谷理砂　西森久桂　石井梨紗　森田みき子　岩井理沙
　　　　　五十嵐香菜子　吉田予六占　藤原ひかる　小田和代　石川笑
　　　　　（すべてYUMI CREATION Co.,Ltd. & YUMI OBチーム）

●Buddy　伊藤朋子

●Special Thanks　（株）TAT NAOKI & TUNEKING　タカラベルモント（株）　（株）MOGA・BROOK　（株）ヒカリ
　　　　　　　　TOSHIAKI MASAYA ATSUYA ……& AMANDA☆

●photo　水口正彦　板橋和裕　原 枝美（SHINBIYO SHUPPAN）
●art director　つちやかおり
●illustration　保坂庸介
●editor　星 比奈子（SHINBIYO SHUPPAN）

参考文献：「紅のすさび」（木下ユミ著）、JNAテクニカルシステムベーシック、ネイルサロン衛生管理マニュアル（共にNPO法人日本ネイリスト協会）

著者　木下美穂里

発行者　長尾明美

発行所　新美容出版株式会社
　　　　〒106-0031
　　　　東京都港区西麻布1-11-12
　　　　代表　　tel03-5770-1230
　　　　販売部　tel03-5770-1201
　　　　　　　　fax03-5770-1228
　　　　http://www.shinbiyo.com

印刷　太陽印刷工業株式会社
製本　共同製本株式会社

©MIHORI KINOSHITA
& SHINBIYO SHUPPAN Co.,Ltd.
Printed in JAPAN 2012

定価3,990円（本体3,800円）

平成24年8月31日　第1刷発行　検印省略